*Noddir eitemau coginio Ena ar* **Heno** *gan:*

# NADOLIG BLASUS ENA

## ENA THOMAS

*Ffotograffiaeth*
JOHN EVANS, QUASAR

*Darluniau*
RHIAN NEST JAMES

HUGHES

Argraffiad cyntaf: Medi 1997

ISBN 0 85284 225 2

Dymuna'r cyhoeddwyr gydnabod cymorth Adrannau Cyngor Llyfrau Cymru.

Cedwir pob hawl. Ni chaniateir atgynhyrchu unrhyw ran o'r llyfr hwn na'i storio mewn system adferadwy, na'i drosglwyddo mewn unrhyw ddull, na thrwy unrhyw gyfrwng electronig, peirianyddol, llungopïo, recordio, nac mewn unrhyw ffordd arall, heb ganiatâd ymlaen llaw gan y cyhoeddwyr.

Cysodwyd ac argraffwyd yng Nghymru gan:
Keith Brown a'i Feibion Cyf.,
Gwasg y Bont, 55 Eastgate,
Y Bontfaen, Bro Morgannwg, CF71 7EL.

Cyhoeddwyd gan Hughes a'i Fab,
Parc Tŷ Glas, Llanisien, Caerdydd CF4 5DU.

# CYNNWYS

**RHAGAIR** ........................7

**TABLAU MESUR** ...................9

**CYRSIAU CYNTAF**
*Roulade* Samwn wedi'i Fygu .........12
*Pâté* Brithyll gyda Saws Oren a Granadila
*(Passion Fruit)* ..................13
Winwns wedi'u Stwffio ..............14
*Pâté* Gwledig .....................15
*Mousse* Pysgod ....................16
Tarten Tomato a Winwns .............17
Bwndeli Samwn wedi'i Fygu ..........18
Byniau *Choux* Sawrus ..............19
Tarten Samwn a Brocoli .............20
Cawl Minestrone ....................21
Cawl Oren a Thomato ................22
Cawl Moron a Lemwn .................23
Cawl Rhiwbob .......................24
Cawl Cyw Iâr .......................25
Cawl Berw Dŵr *(Watercress)* .......26
Pigoglys *(Spinach)* ac Afocado ....27
Cwpanau Melon a Mafon ..............28
*Hors d'oeuvres* Blodfresych a Mwstard ..29

**LLYSIAU, SAWSIAU A STWFFINAU**
Bresych Savoy ac Afalau Cox ........32
Sbrowts gyda Bacwn wedi'i Fygu
 a Garlleg .........................32
*Purée* Tatws a Celeriac ...........33
Brocoli ............................33
Pannas Rhost .......................34
Cennin Melys .......................34
Moron mewn Menyn ...................35
Saws Bara ..........................36
Saws Llugaeron a Gwin Port .........36
Saws Eirin ac Afal .................37
Saws Ceirios .......................37
Saws Oren a Sinsir .................38
Saws Mêl a Grawnwin ................38
Saws Gwin Port .....................39
Saws Gwin Port a Jeli Cwrens Coch ..39
Stwffin Perlysiau Traddodiadol .....40
Stwffin Cnau Castan ................40
Stwffin Llugaeron ac Oren ..........41
Stwffin Bricyll a Chnau Cyll .......41

**SWPERAU TYMHOROL**
*Gratin* Caws, Tatws a Llysiau .......44
Tiwna Pôb gyda Brocoli ...............45
Risotto Llysiau ......................46
Ffiledi Cegddu *(Hake)* mewn
 Saws Tomato ........................47
Ffriad Cyw Iâr, Mêl ac Oren ..........48
Pwff Samwn a Brocoli .................49
Ffriad Cig Oen a Llysiau mewn Saws Gwin
 Gwyn ...............................50
*Terrine* Hwyaden a Thwrci ...........51
*Soufflé* Brocoli ....................52
Steciau Gamwn gyda Saws Ciwcymber ..53
Pasta Llysiau ac Afalau ..............54
*Terrine* o Gawsiau Cymreig ..........55
Ham a Chennin mewn Saws Caws .....56
*Kedgeree* Corbenfras *(Haddock)* wedi'i
 Fygu ...............................57

**PRIF GYRSIAU**
Ham Pôb y Nadolig ...................60
Cyfrwy Twrci wedi'i Stwffio .........61
Caserôl Tymhorol Cig Eidion
 a Chig Carw .......................62
Ffesant Rhost gyda Bresych Coch .....63
Colomen Wyllt Frwysiedig ............64
Coes Porc Rhost gyda Stwffin Oren a
 Phinafal ..........................65
Hwyaden Rhost gyda Stwffin Pistachio a
 Llugaeron ........................66
Syrlwyn Cig Eidion wedi'i Stwffio ...67
Samwn wedi'i Grilio gyda Ffriad Llysiau a
 Saws Oren .........................68
Cyw Iâr Mêl Sbeislyd ................69
Rhost Cnau y Nadolig ................70
Ffiledi Cig Oen .....................71
Parseli Ffilo Llysieuol .............72
*Noisettes* Cig Oen gyda Saws Taragon ..73
Gŵydd Rost gyda Saws Oren
 a Grawnwin ........................74
Pwdin Swydd Efrog ...................75

## CANAPÉS, DIPIAU A *CHUTNEY*

### Canapés
Sgoniau Bach Sawrus . . . . . . . . . . . . . .78
Sgoniau gyda *Pâté* Caws . . . . . . . . . . .78
Sgoniau Caws, Perlysiau a Garlleg . . . .79
Olifau Caws Hufen . . . . . . . . . . . . . . . .79
*Kebabs* Llysiau a Chaws Feta . . . . . . . .80

### Llenwadau *Vol-au-Vent*
Llenwad Wystrys *(Oysters)*
  Wedi'u Mygu . . . . . . . . . . . . . . . . . .81
Llenwad Samwn a Mayonnaise . . . . . .81
Llenwad Garlleg a Phersli . . . . . . . . . .82

### Dipiau
Dip Iogwrt a Mintys . . . . . . . . . . . . . .83
Dip Ansiofi . . . . . . . . . . . . . . . . . . . . .83
Dip Poeth Sbeislyd . . . . . . . . . . . . . . .83
Dip Ciwcymber a Iogwrt . . . . . . . . . .83
Dip Afocado a Iogwrt . . . . . . . . . . . . .83
Dip **Heno** . . . . . . . . . . . . . . . . . . . . . .83

### Chutney
*Chutney* Oren a Bricyll *(Apricots)* . . . .84
*Chutney* Ffrwyth Sbeislyd Nadolig . . . .85
Relish Eirin (Plwms) . . . . . . . . . . . . . . 86

## PWDINAU
*Roulade* Siocled Nadoligaidd . . . . . . . .90
Salad Ffrwythau Egsotig . . . . . . . . . . .91
Treiffl Dathlu . . . . . . . . . . . . . . . . . . . .92
Gwynfyd Siocled a Mandarin . . . . . . . .93
*Flambé* Pinafal a Banana . . . . . . . . . . .94
*Mousse* Siocled gyda *Coulis* Mafon . . .95
*Soufflé* Lemwn a Mango . . . . . . . . . . . .96
Potiau Mafon a Hufen . . . . . . . . . . . . .97
Pwdin Bara Menyn gyda Saws Mafon . . .98
Pwdin Reis Ffrwythau Ena . . . . . . . . . .99
Pwdin Nadolig . . . . . . . . . . . . . . . . . .100
Pwdin Nadolig Munud-Olaf . . . . . . . .101
Teisen Gaws Ffrwythau . . . . . . . . . . .102
Teisen Ffrwythau a Burum . . . . . . . . .103
Teisen Oren Di-Lwten . . . . . . . . . . . .104
Teisen Nadolig Munud-Olaf . . . . . . . .105
Mins Peis Moethus . . . . . . . . . . . . . .106
Bisgedi Coeden Nadolig . . . . . . . . . . .107
Menyn Brandi ac Oren . . . . . . . . . . .108
Ffrwythau wedi'u Carameleiddio
  mewn Brandi . . . . . . . . . . . . . . . . .109

# NADOLIG BLASUS ENA

Mae tymor y Nadolig yn gyfnod hyfryd, gyda theuluoedd yn dod at ei gilydd i ddathlu genedigaeth Iesu. Mae rhai pobl yn ei chael hi'n anodd dathlu oherwydd yr holl waith siopa, paratoi a choginio sy'n digwydd yn ystod y cyfnod prysur yma.

Rwy am wneud pethau'n haws o lawer i chi, i helpu ysbryd y Nadolig! Meddyliwch ymlaen llaw am y fwydlen rych chi am ei gweini. Gall bwydlen syml fod yn fwy llwyddianus, a'r un mor flasus, ag un gymhleth. Unwaith y byddwch chi wedi penderfynu pa fwyd i'w weini, gwnewch restr siopa. Siopa yw'r dasg anoddaf, ond unwaith mae popeth wedi'i brynu, gallwch chi ddewis pa fwydydd i'w gwneud a'u rhewi, e.e. y pwdin, y deisen, mins peis, y stwffin, treiffl a'r rholyn siocled - mae'n syndod faint o bethau y gallwch chi eu rhewi!

Noswyl Nadolig yw'r allwedd i fwynhau dydd Nadolig. Gosodwch y cig neu'r aderyn yn barod i'r ffwrn. Glanhewch a pharatowch y llysiau i gyd. Fore dydd Nadolig, bydd y rhyddhad yn werth yr ymdrech, a bydd digon o amser gyda chi i wneud popeth.

Mae'r ryseitiau yn fy llyfr Nadolig cyntaf yn syml ac yn hawdd i'w dilyn, a phob un wedi pasio prawf fy nheulu, fy ffrindiau a 'nghyd-weithwyr yn stiwdio **Heno**.

Pob hwyl ar y coginio a'r dathlu!

**Ena**

**Diolchiadau**

Hoffwn ddiolch i'r bobl ganlynol am eu cymorth wrth baratoi'r llyfr hwn: Geoff Thomas, Einir Evans, John Evans, Rhian Nest James a threfnydd y cyfan, Luned Whelan.

# TABLAU MESUR

Mesuriadau bras yw'r rhain, mor agos â phosib at y maint cywir. Fe ddylech chi wneud rheol i chi'ch hunan i beidio â chymysgu pwysau metrig â phwysau traddodiadol mewn unrhyw rysáit - defnyddiwch y naill neu'r llall.

## MAINT

⅛ modfedd.................3mm
¼ modfedd.................5mm
½ modfedd................1.2cm
1 fodfedd..................2.5cm
1¼ modfedd.................3cm
1½ modfedd.................4cm
1¾ modfedd................4.5cm
2 fodfedd....................5cm
2½ modfedd.................6cm
3 modfedd.................7.5cm
3½ modfedd.................9cm
4 modfedd..................10cm
5 modfedd..................13cm
5½ modfedd..............13.5cm
6 modfedd..................15cm
6½ modfedd................16cm
7 modfedd..................18cm
7½ modfedd................19cm
8 modfedd..................20cm
9 modfedd..................23cm
9½ modfedd................24cm
10 modfedd..............25.5cm
11 modfedd................28cm
12 modfedd................30cm

## CYFAINT *(VOLUME)*

2 owns hylif..................55ml
3 owns hylif..................75ml
5 owns hylif (¼ peint)..150ml
½ peint........................275ml
¾ peint........................425ml
1 peint.........................570ml
1½ peint......................725ml
1¾ peint.......................1 litr
2 beint.......................1.1 litr
2½ peint....................1.4 litr
4 peint.....................2.25 litr

## PWYSAU

½ owns.........................10g
¾ owns.........................15g
1 owns..........................25g
1½ owns........................40g
2 owns..........................50g
2½ owns........................65g
3 owns..........................75g
4 owns........................110g
4½ owns......................125g
5 owns........................150g
6 owns........................175g
7 owns........................200g
8 owns........................225g
9 owns........................250g
10 owns......................275g
12 owns......................350g
1 pwys........................450g
1½ pwys......................700g
2 bwys........................900g
3 phwys....................1.35kg

## TYMHEREDD NWY/TRYDAN

140C.........275F.........Nwy 1
150C.........300F.........Nwy 2
170C.........325F.........Nwy 3
180C.........350F.........Nwy 4
190C.........375F.........Nwy 5
200C.........400F.........Nwy 6
220C.........425F.........Nwy 7
230C.........450F.........Nwy 8
240C.........475F.........Nwy 9

# CYRSIAU CYNTAF

## *ROULADE* SAMWN WEDI'I FYGU  Digon i 8

*Cwrs cyntaf syml a blasus.*

### *Cynhwysion*
450g/pwys o sawmwn wedi'i fygu (mewn stribedi hir os yn bosib)
450g/pwys o gaws hufen
175g/6 owns o ferw dŵr *(watercress)*
1 llwy ford o gennin syfi *(chives)* wedi'u torri'n fân
2 lwy ford o bersli wedi'i dorri'n fân
sudd 1 lemwn
halen a phupur

### *Dull*
- Gosodwch y samwn ar ddarn o *clingfilm* tua 8" (20cm) sgwâr.
- Torrwch y berw dŵr a chymysgwch i mewn i'r caws gyda'r cennin syfi, y persli a'r sudd lemwn.
- Gwasgarwch y caws dros y samwn, yna rholiwch i fyny fel *Swiss Roll*.
- I weini: torrwch yn sleisiau 1" (2.5cm). Addurnwch â darnau o lemwn.
- I rewi: lapiwch yn un darn mewn *clingfilm*. Tynnwch o'r rhewgell 2 awr cyn gweini, a thorrwch bryd hynny.

# *PÂTÉ* BRITHYLL GYDA SAWS OREN A GRANADILA *(PASSION FRUIT)*
**Digon i 4**

## *Cynhwysion*
350g/12 owns o ffiledi brithyll
175g/6 owns o mayonnaise
75g/3 owns o saws rhuddygl poeth *(horseradish)*
sudd 1 lemwn
175g/6 owns o gaws hufen braster isel
1 clof o arlleg
pinsiad o nytmeg
1 bwnsiad o gennin syfi *(chives)* wedi'u torri'n fân
1 gwydraid o win gwyn
halen a phupur

## *Y Saws*
sudd a chroen 2 oren
3 granadila (hadau a sudd)

## *Dull*
- Potsiwch y brithyll yn y gwin, wedi'i orchuddio, am 4 munud.
- Tynnwch y cnawd oddi ar yr esgyrn.
- Rhowch y pysgod, y mayonnaise, y saws rhuddygl poeth, sudd y lemwn, y caws, y garlleg a'r nytmeg mewn prosesydd bwyd. Proseswch am 1-2 funud nes ei fod yn llyfn.
- Ychwanegwch yr halen a phupur yn ôl eich dewis. Trowch y cennin syfi i mewn.
- Rhannwch y gymysgedd i bedwar *ramekin* neu mewn cylch ar blât gweini, gyda dail letus.
- Cymysgwch y sudd oren a'r granadila yn drwyadl, ac arllwyswch o amgylch y *pâté*.

## WINWNS WEDI'U STWFFIO                                Digon i 4

*Cynhwysion*
- 4 winwnsyn mawr

*Llenwad*
- 350g/12 owns o friwgig oen
- 1 pupur coch
- 110g/4 owns o friwsion bara cyflawn *(wholemeal)*
- 2 lwy ford o *purée* tomato
- ½ llwy de o bupur cayenne
- 1 llwy de o saws Caerwrangon *(Worcestershire Sauce)*
- 2 lwy ford o fêl clir

*Y Saws*
- 225g/8 owns o lugaeron *(cranberries)*
- 110g/4 owns o siwgr
- 1 afal coginio
- 1 fresychen goch fach

*Dull*
- Piliwch yr winwns yn gyfan, rhowch mewn sosbenaid o ddŵr berw a'u mudferwi am 20 munud.
- Torrwch eu pennau a thynnu'r canol, gan adael dwy haenen o bob winwnsyn.
- Torrwch yr winwns o'r canol yn fân, a chymysgwch nhw gyda'r cig oen, y pupur, y briwsion bara, y *purée,* y cayenne a'r saws Caerwrangon.
- Gwasgwch y gymysgedd i mewn i'r winwns gwag. Gosodwch nhw mewn dysgl *casserole* gyda 275ml/½ peint o stoc winwns, a brwsiwch â mêl.
- Coginiwch nhw am hanner awr ar 200C/400F/Nwy 6.
- I wneud y saws: coginiwch y llugaeron gyda'r siwgr a dŵr nes eu bod yn drwchus. Ychwanegwch yr afal wedi'i sleisio a choginiwch am 5 munud.
- Gweinwch yr winwns ar wely o fresych coch gyda'r saws.

# *PÂTÉ* GWLEDIG    Digon i 6

*Beth am ddechrau'r pryd gyda* pâté *blasus? Gallwch ei wneud bythefnos cyn y Nadolig a'i rewi. Mae blas pendant i'r* pâté *hwn gydag* **arlliw** *o frandi!*

## Cynhwysion
   4 tafell o facwn brith *(streaky)*
   450g/1 pwys o frestiau hwyaden (yn ddarnau mân wedi'u mwydo mewn brandi)
   225g/8 owns o friwgig porc
   2 glof o arlleg
   50g/2 owns o gnau Ffrengig *(walnuts)*
   450g/1 pwys o afu cyw iâr
   2 sialotsen, wedi'u torri'n fân
   110g/4 owns o friwsion bara gwyn
   3 llwy ford o bersli, cennin syfi *(chives)*
      a theim wedi'u torri'n fân
   pinsiad bach o *allspice*
   110g/4 owns o fenyn
   halen a phupur
   2 lwy ford o frandi

## Dull
- Toddwch 50g/2 owns o fenyn mewn sosban, ychwanegwch y bacwn, y sialots a'r garlleg a ffriwch am 2-3 munud. Ychwanegwch yr afu cyw iâr a choginiwch am 3-4 munud arall. Rhowch y gymysgedd mewn prosesydd bwyd.
- Coginiwch y porc a'r hwyaden mewn ychydig o fenyn am tua 5 munud, yna rhowch yn y prosesydd gyda'r cnau Ffrengig, y brandi, y briwsion bara a'r sbeis. Proseswch am 1 funud.
- Os yw'r *pâté* yn rhy stiff, ychwanegwch fwy o fenyn wedi'i doddi.
- Ychwanegwch y persli, cennin syfi a theim.
- Rhowch y gymysgedd mewn dysgl weini 725ml/1½ peint, neu ddysglau *pâté* unigol. Gadewch iddo oeri, yna addurnwch â deilen lawryf *(bay leaf)* ac arllwyswch jeli aspig drosto neu ei adael yn blaen.
- Gadewch iddo oeri am 2-3 awr. Gweinwch gyda bara cras a salad.
- Os am ei rewi, tynnwch o'r rhewgell y noson cyn ei ddefnyddio.
- Sylwer: mae jeli aspig ar gael mewn siopau bwyd da. Dilynwch y cyfarwyddiadau ar y pecyn.

## MOUSSE PYSGOD                                            Digon i 8

*Cyfuniad blasus dros ben o benfras a chorgimwch, gyda thafellau o samwn wedi'i fygu.*

### Cynhwysion
450g/pwys o benfras *(cod)*, heb groen
1 ddeilen lawryf *(bay leaf)*
1 dafell lemwn
6 phupren *(peppercorn)* ddu
350g/12 owns o dafellau tenau o samwn wedi'i fygu
pecyn 5g/¼ owns o jelatin
225g/8 owns o gorgimwch *(prawns)* wedi'u coginio
275ml/½ peint o hufen sur *(soured cream)*
2 lwy ford o dil ffres
sudd 1 lemwn
2 ddiferyn o saws Tabasco
halen a phupur

### Dull
- Rhowch y penfras mewn sosban gyda'r ddeilen lawryf, y sudd lemwn, y dafell lemwn a'r puprod; gorchuddiwch â dŵr a choginiwch am 10-15 munud.
- Tynnwch y pysgod allan o'r stoc a gadewch iddo oeri. Torrwch yn fras.
- Leiniwch fowld crwn 1.1l/ 2 beint gyda'r samwn, gan sicrhau fod pob tafell yn gorgyffwrdd ac yn dod dros ymyl y mowld.
- Gwasgarwch y jelatin i 4 llwy ford o ddŵr berw, gadewch iddo dewhau a throwch nes ei fod yn glir.
- Cymysgwch y pysgod, y corgimwch, yr hufen sur, y caws, y dil, y sudd lemwn a'r saws Tabasco yn drwyadl.
- Gan ddefnyddio llwy, trowch y jelatin i mewn.
- Gosodwch y gymysgedd yn ofalus yn y mowld, codwch yr ymylon samwn drosti, gorchuddiwch a gadewch i oeri am 2 awr.
- Addurnwch gyda berw dŵr *(watercress)*, a gweinwch gyda thost a salad.
- Os ydych yn gwneud y *mousse* i lysieuwyr, gallwch ddefnyddio *Vege Gel* yn lle'r jelatin, ac mae hwn ar gael mewn siopau bwyd a siopau fferyllydd.

# TARTEN TOMATO A WINWNS  Digon i 6-8

## *Cynhwysion*
225g/8 owns o flawd codi
50g/2 owns o fenyn
50g/2 owns o gaws Cheddar
1 llwy ford o fwstard powdwr
2 lwy ford yr un o bersli a chennin syfi *(chives)*
halen a phupur
75ml/3owns hylif o laeth

## *Topin*
25g/1 owns o fenyn
175g/6 owns o winwns, wedi'u torri'n gylchoedd
2 glof o arlleg wedi'u malu
700g/1½ pwys o domatos, wedi'u torri'n dafellau trwchus
1 llwy ford o siwgr brown meddal

## *Dull*
- Cymysgwch y blawd, y mwstard a'r halen a phupur. Rhwbiwch y menyn i mewn nes ei fod yn edrych fel briwsion bara mân.
- Ychwanegwch y caws a'r perlysiau a throwch yn drwyadl. Ychwanegwch ddigon o laeth i wneud toes meddal, cryf.
- Irwch a leiniwch dun fflan 8" (20cm), neu ddysgl *quiche*.
- Gosodwch y tomatos a'r winwns yn y gwaelod, gwasgarwch y garlleg drostynt, yna arllwyswch y menyn wedi'i doddi dros y cyfan.
- Rholiwch y toes sgon i siâp y tun neu'r ddysgl a gosodwch hwn ar ben y llenwad.
- Coginiwch yn y ffwrn ar 190C/375F/Nwy 5 am 20-25 munud, nes yn euraid.
- Gadewch iddo oeri am 5 munud, rhowch blât dros y tun a throwch y darten drosodd i'w rhyddhau.
- I weini, torrwch yn sleisiau trwchus ac addurnwch gyda berw dŵr *(watercress)* neu letys.

## BWNDELI SAMWN WEDI'I FYGU        Digon i 4

*Mae'r bwndeli bach yma'n foethus, nid oes angen eu coginio ac maen nhw'n hawdd iawn i'w paratoi fel cwrs cyntaf. Rwy wedi defnyddio llenwad o gaws hufen a chennin syfi.*

### Cynhwysion
110g/4 owns o samwn wedi'i fygu
225g/8 owns o gaws hufen
bwnsiad da o gennin syfi *(chives)*
pupur du
sudd a chroen 1 lemwn
1 llwy ford o bersli wedi'i dorri'n fân
½ llwy de o saws Tabasco

### Dull
- Cymysgwch y caws gyda'r cennin syfi, y persli, y sudd a'r croen lemwn, y saws Tabasco a'r pupur du.
- Rhannwch y samwn yn 4.
- Rhannwch y gymysgedd gaws yn 4 a'i gosod ar y samwn.
- Gwnewch barseli ohonynt a'u clymu â chenhinen syfi.
- Gweinwch gyda bara brown a darn o lemwn.

# BYNIAU *CHOUX* SAWRUS　　　　　　　　　　　Digon i 8

*Mae* choux *yn grwst ysgafn iawn. Mae pobl yn gyfarwydd â phasteiod melys, ond dros y Nadolig mae llenwad sawrus yn gwneud swper hyfryd.*

## Cynhwysion

### Y Crwst Choux
65g/2½ owns o flawd plaen cryf
50g/2 owns o fenyn
2 wy wedi'u curo
150ml/¼ peint o ddŵr
50g/2 owns o gaws Caerffili

### Y Llenwad
50g/2 owns o fenyn
50g/2 owns o flawd plaen
425ml/¾ peint o laeth
225g/8 owns o ham wedi'i goginio (wedi'i fygu)
2 genhinen wedi'u torri'n fân
halen a phupur
1 llwy ford o bersli wedi'i falu

## Dull

- I wneud y crwst *choux*, mae'n bwysig iawn pwyso'r cynhwysion yn ofalus. Rhowch y dŵr a'r menyn mewn sosban, toddwch y menyn yn araf, curwch y blawd i mewn a churwch dros y gwres nes iddo ffurfio siâp fel pelen o farsipan.
- Gadewch iddo oeri am ychydig ac yna curwch yr wyau i mewn nes bod y crwst yn sgleiniog. Curwch y caws i mewn.
- Irwch hambwrdd ffwrn a rhowch y gymysgedd arno i wneud 8 bynnen.
- Pobwch am 20-30 munud ar 200C/400F/Nwy 6.
- Tynnwch y byniau o'r ffwrn a gwnewch hollt ym mhob un - mae hyn yn arbed iddyn nhw fynd yn fedddal.
- I wneud y llenwad: rhowch y llaeth mewn sosban ac ychwanegwch y menyn a'r blawd. Trowch dros y gwres nes i'r saws ferwi a thewhau. Ychwanegwch halen a phupur a gadewch iddo oeri.
- At y saws, ychwanegwch yr ham wedi'i dorri, y cennin, y persli a'r sesnad (*seasoning*).
- Llenwch bob bynnen gyda'r gymysgedd.
- Gweinwch gyda salad gwyrdd crisp.

# TARTEN SAMWN A BROCOLI                Digon i 6-8

*Mae'r darten hon yn flasus ac yn sawrus dros ben, a gallwch ei gwneud ychydig o wythnosau cyn y Nadolig, a'i rhewi. Cadwch lygad ar silffoedd yr archfarchnadoedd - maen nhw'n gostwng pris samwn yn ystod yr wythnosau cyn y Nadolig.*

*Y Crwst*
225g/8 owns o flawd plaen cryf
110g/4 owns o fenyn
50g/2 owns o gaws *Parmesan* wedi'i ratio
1 llwy ford o gennin syfi *(chives)* wedi'u torri'n fân
pinsiad o paprika
1 melynwy
ychydig o ddŵr oer

*Y Llenwad*
225g/8 owns o ffiled samwn, heb groen
150ml/¼ peint o win gwyn
110g/4 owns o dafellau samwn wedi'i fygu
3 wy
110g/4 oz o flodau brocoli, wedi'u coginio
1 llwy de o fwstard
275ml/½ peint o hufen dwbl

*Dull*
- I wneud y crwst: rhwbiwch y menyn i mewn i'r blawd nes ei fod fel briwsion bara mân.
- Ychwanegwch y caws, y cennin syfi a'r paprika.
- Ffurfiwch does meddal, cryf gyda'r melynwy ac ychydig o ddŵr oer. Gadewch iddo oeri tra byddwch yn paratoi'r llenwad.
- I wneud y llenwad: rhowch y samwn mewn sosban, arllwyswch y gwin i mewn, a dewch ag e i'r berw am 2 funud. Draeniwch, yna torrwch y samwn yn ddarnau gweddol fân.
- Ar fwrdd gyda blawd arno, rholiwch y crwst allan i'r un maint â'ch tun. Rwy'n awgrymu defnyddio tun fflan crwn, â gwaelod rhydd, tua 9" (22.5cm).
- Codwch y crwst dros y tun a gadewch iddo gwympo i mewn yn raddol. Torrwch unrhyw grwst sydd dros ben.
- Gosodwch y samwn ffres, y samwn wedi'i fygu a'r brocoli ar waelod y crwst.
- Curwch yr wyau, yr hufen a'r mwstard gyda'i gilydd ac arllwyswch i mewn i'r tun. Rhowch y tun ar hambwrdd ffwrn (mae'n haws ei drin), a'i goginio yn y ffwrn ar 180C/350F/Nwy 4 am 25-30 munud.
- Sylwer: gellir defnyddio samwn tun os dymunir.

# CAWL MINESTRONE                                    Digon i 4

## *Cynhwysion*

1.1l/2 beint o stoc cyw iâr neu lysiau
1 winwnsyn wedi'i dorri'n fân
1 foronen wedi'i thorri'n fân
1 genhinen wedi'i thorri'n fân
1 goes o seleri wedi'i thorri'n fân
225g/8 owns o domatos wedi'u pilio a'u torri'n fras
50g/2 owns o pasta
1 fresychen fach wedi'i thorri'n fân
50g/2 owns o bys wedi'u plisgo
50g/2 owns o ffa gwyrdd wedi'u torri'n dafellau
halen a phupur

## *Past Garlleg*

2 glof fawr o arlleg, wedi'u malu
1 llwy ford o bersli wedi'i dorri
2 lwy ford o gaws *Parmesan* wedi'i ratio
1 llwy ford o olew olewydd

## *Dull*

- Rhowch y stoc mewn sosban fawr a dewch ag e i'r berw.
- Ychwanegwch y winwns, y foronen, y seleri a'r tomatos. Gorchuddiwch a mudferwch am 20 munud.
- Ychwanegwch y pasta, y bresych, y pys a'r ffa, a mudferwch am 5-10 munud.
- Cymysgwch holl gynhwysion y past garlleg gyda'i gilydd, yna ychwanegwch y past at y cawl. Mudferwch am 2-3 munud a'i droi'n drwyadl.
- Gweinwch yn boeth gyda bara ffres.

## CAWL OREN A THOMATO                                       Digon i 4

*Cynhwysion*
450g/pwys o domatos aeddfedd
1 winwnsyn mawr
225g/8 owns o datws wedi'u pilio a'u torri'n giwbiau
570ml/peint o stoc cyw iâr neu lysiau
croen a sudd 1 oren
1 llwy de o oregano
halen a phupur

*I addurno*
sleisiau oren
*croûtons*

*Dull*
- Rhowch y tomatos mewn sosban gyda'r winwns a'r tatws. Ychwanegwch y stoc, croen a sudd yr oren, yr oregano a'r halen a phupur.
- Dewch â'r cawl i'r berw a mudferwch am 30 munud.
- Hylifwch y cawl, yna rhowch yn ôl yn y sosban a'i aildwymo.
- Ychwanegwch bupur a halen os oes angen, a thewhau'r cawl gyda blawd India corn *(cornflour)*.
- Gweinwch yn boeth gyda sleisiau oren a *croûtons*.

## CAWL MORON A LEMWN                     Digon i 4

*Cynhwysion*
  1 winwnsyn
  2 foronen wedi'u gratio
  2 lemwn
  1.1l/2 beint o stoc cyw iâr neu lysiau
  50g/2 owns o fenyn
  25g/1 owns o flawd plaen
  1 llwy ford o hufen
  siwgr, halen a phupur i flasu

*Dull*
- Toddwch hanner y menyn mewn sosban, ychwanegwch yr winwnsyn, y moron a chroen y lemwn. Coginiwch am 2 funud.
- Ychwanegwch sudd y lemwn a'r stoc, dewch â'r cyfan i'r berw a mudferwch am 10 munud.
- Cymysgwch 25g/1 owns o'r menyn gyda 25g/1 owns o'r blawd ac ychwanegwch at y cawl.
- Proseswch y cawl mewn prosesydd nes ei fod yn llyfn. Arllwyswch yn ôl i'r sosban.
- Ychwanegwch yr hufen, halen a phupur a siwgr yn ôl eich dant.

# CAWL RHIWBOB                                    Digon i 4

*Cynhwysion*
  450g/1 pwys o riwbob
  2 lwy ford o jeli cwrens coch
  50g/2 owns o siwgr caster
  275ml/½ peint o sudd oren
  275ml/½ peint o ddŵr

*I addurno*
  croen oren
  iâ wedi'i falu

*Dull*
- Glanhewch y rhiwbob a'i dorri'n ddarnau bras.
- Rhowch y rhiwbob mewn sosban gyda'r jeli cwrens coch, y siwgr a'r dŵr. Gorchuddiwch, dewch ag e i'r berw a mudferwch am 10 munud.
- Ychwanegwch y sudd oren a mudferwch am 5 munud.
- Gadewch iddo oeri'n drwyadl.
- Arllwyswch i mewn i brosesydd a throwch nes bod y cawl yn llyfn.
- Oerwch a gweinwch gyda'r iâ wedi'i falu a'r croen oren.

# CAWL CYW IÂR  Digon i 6

*Gall y cawl blasus hwn gael ei fwyta'n dwym neu'n oer. Dim ond hanner awr mae'n ei gymryd i goginio. Mae'n tynnu dŵr o'r dannedd wedi'i weini gyda bara caws Cymreig.*

## Cynhwysion

4 brest cyw iâr wedi'u torri'n ddarnau maint cnoad
275ml/½ peint o win gwyn sych
2 *chilli* coch
2 ddeilen lawryf *(bay leaves)*
2 sprigyn o rosmari
1 goes o seleri
1 pupur coch
1 pupur melyn
4 moronen
3 winwnsyn coch
2 glof o arlleg
110g/4 owns o gregyn pasta
1 fresychen werdd, wedi'i thorri'n stribedi mân
halen a phupur
725ml/1½ peint o ddŵr
2 lwy ford o bersli wedi'i falu

## I addurno
persli

## Dull

- Rhowch y cyw iâr mewn sosban fawr gyda'r dail llawryf, y *chillis* wedi'u malu, y rhosmari a'r seleri.
- Gorchuddiwch â'r dŵr, dewch â'r cyfan i'r berw a mudferwch am 20 munud. Ychwanegwch y pasta a choginiwch am 10 munud.
- Yn y cyfamser, torrwch y moron a'r puprod yn stribedi, sleisiwch yr winwns yn fân, malwch y garlleg a'i dorri'n fân.
- Twymwch ychydig o olew mewn sosban a ffriwch y llysiau i gyd.
- Tynnwch y dail llawryf a'r rhosmari allan o sosban y cyw iâr. Rhowch y llysiau i mewn ac ychwanegwch sesnad *(seasoning)* yn ôl eich dant.

## CAWL BERW DŴR *(WATERCRESS)*  Digon i 4

*Cynhwysion*
225g/8 owns o ferw dŵr wedi'i lanhau'n dda
75g/3 owns o fenyn
2 lwy ford o sudd lemwn
570ml/ peint o iogwrt naturiol
halen a phupur
1 bwnsiad bach o sibwns, wedi'u torri'n fân

*Dull*
- Torrwch y berw dŵr yn fân. Toddwch y menyn mewn sosban a meddalwch y sibwns a'r berw dŵr.
- Gadewch iddo oeri, yna proseswch gyda'r sudd lemwn a'r iogwrt.
- Ychwanegwch halen a phupur yn ôl eich dant.

## PIGOGLYS *(SPINACH)* AC AFOCADO     Digon i 4-6

*Dyma'r cwrs cyntaf baratoais i ar gyfer bedydd fy ŵyr, ac mae'n gyfuniad hyfryd o'r esmwyth a'r cras. Cofiwch drafod dail pigoglys yn ofalus oherwydd maen nhw'n cleisio'n hawdd ac mae'n bwysig iddyn nhw gadw'u blas siarp wrth eu bwyta'n amrwd.*

### Cynhwysion
450g/ pwys o bigoglys
225g/8 owns o facwn cefn wedi'i fygu
2 afocado aeddfed ond caled
½ ciwcymber

### Y Saws
2 lwy ford o finegr gwin gwyn
4 llwy ford o olew olewydd
sudd 1 lemwn
2 glof o arlleg wedi'u malu
1 llwy ford o fwstard cyflawn *(wholegrain)*

### Dull
- Golchwch y pigoglys yn ofalus a'u draenio. Trefnwch y dail ar blatiau unigol neu blât gweini mawr.
- Torrwch y bacwn yn ddarnau mân a ffriwch yn gyflym nes ei fod yn grimp.
- Piliwch a sleisiwch yr afocado, a sleisiwch y ciwcymber yn denau.
- Trefnwch y bacwn, yr afocado a'r ciwcymber ar ben y pigoglys.
- Cymysgwch gynhwysion y saws yn drwyadl ac arllwyswch yn ofalus dros y cyfan.

## CWPANAU MELON A MAFON  Digon i 4

*Cynhwysion*
 1 llwy de o groen lemwn wedi'i ratio
 2 lwy de o o groen oren wedi'i ratio
 1 llwy ford o sudd lemwn
 8 llwy ford o sudd oren
 melysydd di-siwgr *(sweetener)*
 2 felon Galia bach, wedi'u haneru a'u di-hadu
 225g/8 owns o fafon
 sprigiau o fintys

*Dull*
- Cymysgwch groen a sudd yr oren a'r lemwn, ychwanegwch y melysydd yn ôl eich dant a gadewch am chwarter awr.
- Gwnewch beli o gnawd y melon. Cymysgwch gyda'r mafon ac arllwyswch y sudd dros y ffrwythau. Gadewch yn yr oergell.
- Gweinwch yn y croen melon neu mewn dysglau gwydr.
- Addurnwch gyda'r sbrigiau mintys.

## *HORS D'OEUVRES* BLODFRESYCH A MWSTARD  Digon i 4

*Cynhwysion*
- 1 flodfresychen fach
- 1 pupur coch, heb ei hadau ac wedi'i dorri'n stribedi byr
- 1 pupur melyn, heb ei hadau ac wedi'i dorri'n stribedi byr
- 110g/4 owns o ham wedi'i goginio

*Y Saws*
- 5 llwy ford o olew olewydd
- 2 lwy ford o finegr gwin gwyn
- 2 lwy de o fwstard
- 1 llwy ford o siwgr
- halen a phupur
- 2 lwy ford o gennin syfi *(chives)* wedi'u torri'n fân

*Dull*
- Rhannwch y flodfresychen yn flodau bach a chadwch y dail lleiaf.
- Coginiwch y blodau a'r dail mewn dŵr berw am 2-3 munud. Draeniwch nhw a thywallt dŵr oer drostynt.
- Cymysgwch gynhwysion y saws gyda'i gilydd. Gosodwch y blodfresych, yr ham a'r puprod mewn powlen ac arllwyswch y saws drostynt. Gadewch am awr.
- Rhowch y cyfan mewn dysgl weini ac addurnwch gyda'r cennin syfi.

# LLYSIAU

# LLYSIAU

Dylai llysiau bob amser fod yn ffres, heb eu coginio'n ormodol. Dwi ddim yn credu y dylech chi eu coginio ymlaen llaw, achos mae hynny'n effeithio ar y lliw a'r blas ffres, ond mae'n syniad da i baratoi'r llysiau cyn mynd i'r gwely Noswyl Nadolig. Pan fyddaf yn disgwyl gwesteion ar gyfer cinio Nadolig, rwy'n ceisio cael popeth yn barod tua hanner awr cyn iddyn nhw gyrraedd, a'r ffwrn ymlaen ar wres isel i gadw popeth yn dwym.

## BRESYCH SAVOY AC AFALAU COX

*Cynhwysion*
- 1 fresychen Savoy
- 3 afal Cox
- 1 winwnsyn coch
- 50g/2 owns o fenyn
- halen a phupur

*Dull*
- Torrwch y fresychen yn ei hanner a thynnwch y bonyn caled. Yna torrwch y fresychen yn fân.
- Piliwch yr afalau a thynnu'r canol, yna sleisiwch nhw.
- Glanhewch yr winwnsyn a'i dorri'n gylchoedd tenau.
- Toddwch y menyn mewn sosban fawr, ychwanegwch y bresych, yr afalau a'r winwns a'u ffrio am tua 5 munud - os ydych fel fi yn hoffi'ch llysiau'n grisp. Rhowch hwy mewn dysgl weini a'u cadw'n dwym.

## SBROWTS GYDA BACWN WEDI'I FYGU A GARLLEG

*Cynhwysion*
- 450g/ pwys o sbrowts
- 110g/4 owns o facwn wedi'i fygu a'i dorri'n fras
- 2 glof o arlleg wedi'u malu
- halen a phupur

*Dull*
- Stemiwch y sbrowts dros sosbenaid o ddŵr berw neu dros sosban datws am 8 munud.
- Griliwch neu ffriwch y bacwn nes ei fod yn grimp, yna ychwanegwch y garlleg a chymysgu'r bacwn a'r sbrowts.
- Trowch y cynhwysion gyda'i gilydd yn drwyadl, a'u rhoi mewn dysgl weini gydag ychydig o fenyn a'u cadw'n dwym.

## *PURÉE* TATWS A CELERIAC

*Mae blas tatws a celeriac yn gweddu i'w gilydd yn arbennig o dda. Mae'n ychwanegu crensh ac ansawdd i'r blas.*

*Cynhwysion*
 1kg/2 bwys o datws
 450g/pwys o celeriac
 50g/2 owns o fenyn
 2 glof o arlleg wedi'u malu
 halen a phupur
 2 lwy ford o hufen dwbl neu laeth
 2 glof, os dymunwch

*Dull*
- Piliwch y tatws a'r celeriac.
- Torrwch y tatws yn eu hanner, a'r celeriac yn giwbiau.
- Gorchuddiwch nhw â dŵr oer, a dewch â nhw i'r berw, yna mudferwch am 10 munud.
- Draeniwch y dŵr, gan gadw'r stoc ar gyfer sawsiau neu gawl.
- Malwch yn dda ac ychwanegwch y menyn, y garlleg a'r hufen. Ychwanegwch bupur du a halen yn ôl eich dewis.

## **BROCOLI**

*Mae brocoli'n un o'm hoff lysiau. Paratowch y brocoli drwy dorri'r blodau unigol oddi ar y prif fonyn. Rhowch mewn stemar am 4-5 munud nes ei fod yn feddal, ond â chrensh yn dal ynddo - yna gratiwch ychydig o groen lemwn a halen a phupur drosto.*

## PANNAS RHOST

*Dyma ffordd flasus o goginio pannas, sydd hefyd yn cymryd llai o amser na'u rhostio yn y ffwrn.*

*Cynhwysion*
1 kg/2 bwys o bannas
50g/2 owns o fenyn
25g/1 owns o olew
50g/2 owns o gennin syfi *(chives)* wedi'u torri'n fân
halen a phupur

*Dull*
- Piliwch y pannas a thorrwch nhw yn eu hanner ar eu hyd ac yna ar eu lled.
- Rhowch nhw mewn sosban a'u gorchuddio â dŵr oer; dewch â nhw i'r berw a'u mudferwi am 5 munud.
- Draeniwch y pannas, yna twymwch y menyn mewn padell ffrio a browniwch y pannas trostynt, i roi ansawdd cras iddyn nhw.
- Rhowch mewn dysgl weini a gwasgarwch y cennin syfi drostyn nhw.

## CENNIN MELYS

*Cynhwysion*
25g/1 owns o fenyn
30ml/2 lwy ford o olew olewydd
450g/pwys o gennin (wedi'u torri yn eu hanner ar eu hyd a'u golchi)
15ml/1 llwy ford o siwgr caster

*Dull*
- Rhowch y cennin mewn sosbenaid o ddŵr oer, dewch â nhw i'r berw a draeniwch nhw.
- Plygwch y cennin yn eu hanner, fel parsel bach.
- Twymwch y menyn a'r olew mewn sosban, ychwanegwch y cennin a'r siwgr, ffriwch y ddwy ochr, yna gorchuddiwch a choginio am 5 munud, nes bod y siwgr yn troi'n garamel, a'r cennin yn dyner. Rwy'n hoffi ychydig o grensh yn fy nghennin.

## MORON MEWN MENYN

*Cynhwysion*
450g/pwys o foron
25g/1 owns o fenyn
25g/1 owns o siwgr caster
1 llwy ford o bersli wedi'i falu

*Dull*
- Glanhewch y moron a'u sleisio'n denau.
- Rhowch y moron mewn sosban, gorchuddiwch nhw â dŵr oer, dewch â nhw i'r berw a'u mudferwi am 5 munud. Draeniwch nhw, gan gadw'r stoc ar gyfer sawsiau.
- Toddwch y menyn mewn sosban, ychwanegwch y moron a'r siwgr, a throwch y moron yn gyflym am 2-3 munud.
- I weini, gwasgarwch y persli dros y moron.

## SAWS BARA

*Cynhwysion*
1 winwnsyn bach
1 ddeilen lawryf *(bay leaf)*
2 glof
4 pupur du
275ml/½ peint o laeth
50g/2 owns o friwsion bara gwyn neu frown
25g/1 owns o fenyn
halen a phupur

*Dull*
- Piliwch yr winwnsyn, a gwasgwch y clofs i mewn iddo.
- Rhowch y llaeth, yr winwnsyn, a'r puprod du mewn sosban. Dewch â'r cyfan i'r berw, wedyn gadael iddo sefyll am hanner awr.
- Straeniwch y llaeth a'i roi mewn sosban lân, yna ychwanegwch y briwsion bara a'r menyn ac aildwymwch yn araf.
- Dylai'r saws fod wedi tewychu, felly ychwanegwch y sesnad *(seasoning)* a gweinwch yn dwym.

## SAWS LLUGAERON *(CRANBERRIES)* A GWIN PORT

*Cynhwysion*
450g/pwys o lugaeron ffres
225g/8 owns o siwgr caster
275ml/½ peint o win port
275ml/½ peint o sudd oren
1 oren

*Dull*
- Rhowch y llugaeron, y siwgr, y gwin port a'r sudd oren mewn sosban a dewch â'r cyfan i'r berw.
- Mudferwch am chwarter awr, yna ychwanegwch groen yr oren, wedi'i ratio'n fân, at y saws.
- Gweinwch yn dwym gyda thwrci, cyw iâr, gŵydd neu hwyaden.

## SAWS EIRIN AC AFAL

*Cynhwysion*
- 150ml/¼ peint o sudd afal
- 450g/pwys o afalau *Golden Delicious*
- 450g/pwys o eirin (plwms) coch
- croen a sudd 2 lemwn
- 175g/6 owns o siwgr caster euraid
- 1 *chilli* coch wedi'i falu

*Dull*
- Piliwch a thorrwch yr afalau'n fras. Tynnwch y cerrig o'r eirin.
- Rhowch yr afalau, yr eirin, croen a sudd y ddau lemwn, y siwgr a'r *chilli* mewn sosban, dewch â'r cyfan i'r berw a mudferwch am 10-15 munud.
- Trowch mewn prosesydd nes ei fod yn llyfn.
- Gweinwch gyda chyw iâr, cig eidion neu borc.

## SAWS CEIRIOS

*Cynhwysion*
- 1 tun o geirios duon
- 275ml/½ peint o win coch
- 1 llwy ford o flawd India corn *(cornflour)*
- croen a sudd 1 oren
- 275ml/½ peint o stoc hwyaden neu lysiau

*Dull*
- Rhowch y ceirios a chroen a sudd yr oren mewn sosban.
- Ychwanegwch y gwin a dewch ag e i'r berw; mudferwch nes bod y ceirios wedi coginio, tua 5 munud fel arfer.
- Ychwanegwch halen a phupur yn ôl eich blas a thewhau'r saws gydag ychydig o flawd India corn *(cornflour)* wedi'i gymysgu â dŵr.
- Os yw'r saws ychydig bach yn sur, ychwanegwch lond llwy ford o siwgr Demerara.

## SAWS OREN A SINSIR

*Cynhwysion*
- 2 oren mawr
- 1 lemwn
- 225g/8 owns o jeli cwrens coch
- 3 llwy ford o win port
- 2 lwy de o fwstard
- ½ llwy de o sinsir ffres wedi'i falu

*Dull*
- Piliwch groen yr orenau a'r lemwn yn stribedi tenau. Rhowch nhw mewn sosban fach, dewch â nhw i'r berw ac yna'u draenio.
- Gwasgwch yr orenau, rhowch y sudd mewn sosban gyda'r jeli cwrens coch, y gwin port a'r mwstard. Twymwch nes bod y jeli cwrens coch wedi toddi.
- Ychwanegwch y croen oren a lemwn. Mae'r saws yn tewhau ychydig wrth iddo oeri.

## SAWS MÊL A GRAWNWIN

*Cynhwysion*
- 4 llwy ford o fêl clir
- croen a sudd 1 oren
- 225g/8 owns o rawnwin heb hadau
- 25g/1 owns o fenyn

*Dull*
- Twymwch y mêl, sudd a chroen yr oren, y grawnwin a'r menyn.
- Dewch â nhw i'r berw. Arllwyswch dros yr aderyn rydych chi'n ei rostio a rhowch yn ôl yn y ffwrn am 5 munud.

## SAWS GWIN PORT

*Saws delfrydol gyda hwyaden.*

### Cynhwysion
275ml/½ peint o stoc hwyaden
3 llwy ford o win port
sudd 1 lemwn
1 clof o arlleg
3 llwy ford o saws llugaeron *(cranberries)*
croen a sudd 1 oren
halen a phupur

### Dull
- Tynnwch yr hwyaden o'r badell, a draeniwch y braster i ffwrdd.
- Rhowch holl gynhwysion y saws yn y badell a berwch am bum munud.

## SAWS GWIN PORT A JELI CWRENS COCH

### Cynhwysion
570ml/peint o stoc cyw iâr neu lysiau
1 llwy ford o win port
350g/12 owns o jeli cwrens coch
1 llwy ford o flawd India corn *(cornflour)*
halen a phupur

### Dull
- Berwch y stoc, y gwin a'r jeli gyda'i gilydd.
- Ychwanegwch y blawd India corn wedi'i gymysgu â dŵr i dewychu'r gymysgedd.
- Dewch â'r cyfan i'r berw, yna dylai fod gennych saws clir, hyfryd. Ychwanegwch halen a phupur yn ôl eich dant.

## STWFFIN PERLYSIAU TRADDODIADOL

*Cynhwysion*

110g/4 owns o fenyn
1 winwnsyn, wedi'i dorri'n fân
110g/4 owns o facwn brith *(streaky)*
225g/8 owns o friwsion bara gwyn ffres
croen a sudd 1 lemwn (y croen wedi'i ratio'n fân)
4 llwy ford o bersli wedi'i falu
1 llwy de o deim wedi'i falu
2 lwy ford o gennin syfi *(chives)* wedi'u torri'n fân
2 glof o arlleg

*Dull*

- Twymwch y menyn mewn padell ffrio a ffriwch yr winwnsyn, y bacwn a'r garlleg yn araf.
- Ychwanegwch y briwsion bara a'r holl gynhwysion eraill, a'u clymu gyda'r sudd lemwn.

## STWFFIN CNAU CASTAN *(CHESTNUTS)*

*Cynhwysion*

1 llwy ford o olew
1 winwnsyn wedi'i dorri'n fân
3 coes o seleri
1 afu twrci wedi'i goginio a'i dorri'n fras
1 tun 425g/15 owns o gnau castan wedi'u draenio
225g/8 owns o gig selsig
110g/4 owns o friwsion bara ffres
1 llwy ford o deim sych
halen a phupur

*Dull*

- Twymwch yr olew a ffriwch yr winwnsyn nes ei fod yn feddal.
- Ychwanegwch y seleri a ffriwch am 5 munud arall.
- Tynnwch oddi ar y gwres, ychwanegwch y cynhwysion eraill a chymysgwch y cyfan yn dda.

## STWFFIN LLUGAERON *(CRANBERRIES)* AC OREN

*Cynhwysion*
    225g/8 owns o friwsion bara gwyn
    110g/4 owns o lugaeron
    croen a sudd 1 oren
    50g/2 owns o fenyn
    1 llwy de o deim
    1 llwy ford o bersli wedi'i falu
    1 winwnsyn wedi'i dorri'n fân

*Dull*
- Toddwch y menyn mewn padell ffrio a choginiwch yr winwnsyn am 2-3 munud.
- Rhowch y briwsion bara mewn basn, ac ychwanegwch yr winwnsyn yn y menyn, y llugaeron, y teim, y persli a sudd a chroen yr oren.
- Gallwch ddefnyddio'r stwffin hwn ar gyfer twrci, gŵydd neu hwyaden **neu** rhowch ef mewn dysgl ffwrn a'i goginio yn y ffwrn am 20-30 munud ar 180C/350F/Nwy 4.

## STWFFIN BRICYLL *(APRICOT)* A CHNAU CYLL *(HAZELNUT)*

*Cynhwysion*
    110g/4 owns o fricyll parod-i-fwyta
    110g/4 owns o friwsion bara gwyn meddal
    50g/2 owns o gnau cyll wedi'u malu
    1 llwy ford o bersli wedi'i dorri
    50g/2 owns o fenyn
    3 sialotsen wedi'u torri'n fân
    croen a sudd 1 lemwn
    1 wy wedi'i guro
    halen a phupur

*Dull*
- Toddwch y menyn mewn sosban a ffriwch y sialots nes eu bod yn feddal.
- Torrwch y bricyll yn fân ac ychwanegwch nhw at y briwsion bara ynghyd â'r persli, y cnau a'r sesnad *(seasoning)*.
- Ychwanegwch groen a sudd y lemwn a'r wy at y gymysgedd briwsion bara.
- Os ydych chi'n hoffi stwffin sych, gadewch yr wy allan o'r rysáit hon.

# SWPERAU TYMHOROL

## *GRATIN* CAWS, TATWS A LLYSIAU  Digon i 4-6

*Cynhwysion*
900g/2 bwys o datws
1 winwnsyn mawr wedi'i sleisio
1 *courgette* wedi'i dorri'n sleisiau trwchus
1 pupur coch
1 pupur melyn
2 lwy ford o olew olewydd
2 glof o arlleg wedi'u malu
halen a phupur

*Y Topin*
1 llwy ford o fintys wedi'i falu
1 llwy ford o bersli wedi'i falu
110g/4 owns o gaws Cheddar wedi'i ratio
50g/2 owns o friwsion bara

*Y Saws*
570ml/peint o laeth
50g/2 owns o fenyn
50g/2 owns o flawd plaen
50g/2 owns o gaws Cheddar wedi'i ratio

*Dull*
- Piliwch y tatws, torrwch yn ddarnau gweddol fân a berwch am 10 munud.
- Draeniwch nhw'n dda yna rhowch nhw mewn dysgl ffwrn.
- Torrwch y puprod yn eu hanner, tynnwch y canol a'r hadau, ac yna'u torri'n ddarnau bras. Glanhewch a sleisiwch yr winwnsyn.
- Twymwch yr olew mewn sosban fawr, ychwanegwch y garlleg, yr winwnsyn, y puprod a'r *courgette* a ffriwch nhw am 3-4 munud cyn eu gwasgaru dros y tatws. Ychwanegwch yr halen a phupur.
- I wneud y saws: rhowch y cynhwysion i gyd mewn sosban a dewch â nhw i'r berw'n araf gan droi'n gyson nes i'r saws dewhau. Arllwyswch y saws dros y llysiau gan eu gorchuddio'n llwyr.
- I wneud y topin: cymysgwch y cynhwysion gyda'i gilydd, yna'u gwasgaru dros y llysiau. Pobwch y cyfan mewn ffwrn dwym ar 200C/400F/Nwy 6 am 15-20 munud nes ei fod yn frown euraid.
- Gweinwch yn dwym, wedi'i addurno â chennin syfi *(chives)*.

# TIWNA PÔB GYDA BROCOLI    Digon i 4

*Mae hwn yn ddelfrydol ar gyfer swper neu ginio canol dydd, a'r topin yn un anghyffredin. Bydd plant ac oedolion wrth eu bodd!*

## Cynhwysion
1 tun 200g/7 owns o diwna mewn dŵr hallt, wedi'i ddraenio
1 tun 200g/7 owns o bys melyn *(sweetcorn)*
225g/8 owns o flodau brocoli
150ml/¼ peint o sudd tomato
halen a phupur

## Y Topin
2 daten fawr wedi'u pilio a'u torri'n sglodion tenau

## Dull
- Gwahanwch y plu tiwna a'u rhoi mewn dysgl ffwrn, gorchuddiwch â'r brocoli a'r pys melyn ac ychwanegwch halen a phupur.
- Arllwyswch y sudd tomato dros y tiwna a'r llysiau.
- Ffriwch y sglodion mewn olew twym am ddwy funud, yna draeniwch nhw ar bapur cegin. Trefnwch y sglodion dros y pysgod a'r llysiau.
- Coginiwch yn y ffwrn ar 190C/375F/Nwy 5 am 20-25 munud.
- Addurnwch gyda phersli a chennin syfi *(chives)*. Gweinwch yn dwym.

## RISOTTO LLYSIAU                                    Digon i 4

*Cynhwysion*
75g/3 owns o fenyn
1 winwnsyn
2 foronen wedi'u sleisio
2 *courgette* wedi'u sleisio
2 goes o seleri wedi'u sleisio
450g/pwys o reis *risotto*
1.8l/3 pheint o stoc llysiau twym
1 letysen wedi'i thorri'n stribedi mân
1 tomato mawr heb ei groen ac wedi'i dorri'n fras
75g/3 owns o gaws *Parmesan*

*Dull*

- Toddwch y menyn mewn sosban fawr a choginiwch yr winwnsyn, y moron, y courgettes a'r seleri am bum munud.
- Trowch y reis i mewn, ychwanegwch ychydig o stoc a chymysgwch yn drylwyr.
- Ychwanegwch y stoc sy'n weddill a chymysgwch yn dda; gorchuddiwch a choginiwch am chwarter awr nes bod y stoc wedi cael ei amsugno.
- Ychwanegwch y letys a'r tomato a choginiwch am 2-3 munud arall.
- Ychwanegwch yr halen, y pupur a'r caws.
- Addurnwch gyda phersli.

# FFILEDI CEGDDU *(HAKE)* MEWN SAWS TOMATO         Digon i 4

*Cynhwysion*

4 ffiled o gegddu 175g/6 owns yr un
2 lwy ford o olew olewydd
1 winwnsyn mawr wedi'i dorri'n fras
2 glof o arlleg wedi'u malu
tun 400g/14 owns o domatos wedi'u torri
1 llwy ford o *purée* tomato
25g/owns o siwgr caster
150ml/¼ peint o win gwyn
110g/4 owns o fadarch botwm
1 llwy ford o bersli a chennin syfi *(chives)* wedi'u malu

*Dull*

- Golchwch y ffiledi a'u sychu, yna tynnwch y croen. Gosodwch nhw ochr yn ochr mewn dysgl fas, addas i'r ffwrn wedi'i hiro'n dda â menyn. Gwasgarwch halen a phupur dros y ffiledi
- I wneud y saws: twymwch yr olew mewn sosban a ffriwch yr winwnsyn a'r garlleg nes eu bod yn feddal ond heb frownio.
- Ychwanegwch y tomatos, y gwin a'r siwgr a mudferwch am 5 munud.
- Ychwanegwch y madarch wedi'u sleisio, yna arllwyswch y saws dros y ffiledi pysgod a choginiwch yn y ffwrn am chwarter awr ar 220C/425F/Nwy 7.
- Cyn gweini, addurnwch â'r persli a'r cennin syfi.
- Gallwch chi ddefnyddio unrhyw bysgod gwyn o'ch dewis, a gallech wasgaru 50g/2 owns o gaws wedi'i ratio a 50g/2 owns o friwsion bara dros y saws cyn eu coginio.

# FFRIAD CYW IÂR, MÊL AC OREN  Digon i 4

## Cynhwysion
4 darn o gyw iâr heb esgyrn
croen a sudd 1 oren
3 llwy ford o fêl
2 afal coch wedi'u sleisio
2 winwnsyn coch wedi'u sleisio
1 tun o domatos wedi'u torri
1 llwy de o berlysiau cymysg
halen a phupur
persli
1 llwy ford o siwgr Demerara
1 llwy ford o finegr gwin
1 clof o arlleg
275ml/½ peint o stoc cyw iâr

## Dull
- Torrwch y cyw iâr yn ddarnau 2" (5cm).
- Twymwch ychydig o fenyn ac olew mewn sosban fawr a ffriwch y cyw iâr a'r garlleg nes eu bod yn frown euraid.
- Ychwanegwch yr winwns a'r afalau, ac arllwyswch y mêl, y sudd oren a'r croen oren i mewn yn raddol.
- Ychwanegwch y tomatos, y perlysiau, y stoc, y finegr a'r siwgr. Gorchuddiwch a mudferwch am 15-20 munud.
- Addurnwch â phersli a gweinwch gyda reis, pasta neu datws.

## PWFF SAMWN A BROCOLI                               Digon i 4

*Mae'r rysáit samwn a brocoli hwn yn gwneud swper ysgafn hyfryd ar gyfer tymor y Nadolig.*

### Cynhwysion
175g/6 owns o brocoli
1 tun 200g/7 owns o samwn
1 llwy de o dill neu bersli
sudd a chroen 1 lemwn

### Y Saws
425ml/¾ peint o laeth
50g/2 owns o flawd plaen
50g/2 owns o fenyn
50g/2 owns o gaws Cheddar wedi'i ratio
halen a phupur

### Y Crwst Choux
65g/2½ owns o flawd plaen cryf
50g/2 owns o fenyn
3 wy wedi'u curo
150ml/¼ peint o ddŵr

### Dull
- I wneud y saws: arllwyswch y llaeth i mewn i sosban, ychwanegwch y blawd a'r menyn a chwisgiwch dros y gwres nes i'r saws ferwi a thewhau. Nawr ychwanegwch y caws.
- Coginiwch y blodau brocoli mewn ffwrn meicrodon gydag ychydig o ddŵr, gorchuddiwch gyda *clingfilm* a choginiwch ar wres uchel am 5 munud (neu stemiwch dros sosbenaid o ddŵr).
- I wneud y crwst *choux*: rhowch y dŵr a'r menyn mewn sosban, toddwch y menyn yn araf, curwch y blawd i mewn a churwch dros y gwres nes iddo ffurfio siâp fel pelen o farsipan. Gadewch iddo oeri.
- Curwch yr wyau i mewn fesul tipyn a churwch nes bod y crwst yn sgleinio.
- Ychwanegwch y samwn, sudd a chroen y lemwn, y brocoli a'r persli at y saws.
- Peipiwch y crwst *choux* o amgylch ymyl dysgl ffwrn fas. Arllwyswch y llenwad i mewn i'r canol. Coginiwch am 30-35 munud ar 220C/425F/Nwy 7.
- Gweinwch yn dwym gyda thatws wedi'u pobi.

## FFRIAD CIG OEN A LLYSIAU MEWN SAWS GWIN GWYN    Digon i 6

*Cynhwysion*
450g/pwys o dynerlwyn cig oen
1 winwnsyn wedi'i sleisio
1 clof o arlleg wedi'i falu
2 lwy ford o olew olewydd
1 llwy ford o jeli cwrens coch
1 llwy ford o siwgr Demerara
½ pupur coch
½ pupur melyn
½ pupur gwyrdd
110g/4 owns o fadarch wedi'u sleisio
1 llwy ford o finegr gwin
¼ llwyaid o saws Tabasco
225g/8 owns o fricyll parod-i-fwyta
275ml/½ peint o win gwyn
150ml/¼ peint o sudd oren ffres
1 llwy ford o bersli wedi'i falu
halen a phupur i flasu
1 llwy ford o flawd India corn *(cornflour)*

*Dull*
- Torrwch y cig oen yn stribedi tenau, a'r puprod yr un fath.
- Arllwyswch yr olew i mewn i sosban fawr neu *wok* a thwymwch yn drwyadl. Ychwanegwch y cig oen, y garlleg a'r winwnsyn a ffriwch yn gyflym am 3-4 munud.
- Ychwanegwch y puprod, y bricyll a'r madarch a ffriwch am 3-4 munud. Ychwanegwch y gwin, y sudd oren, y jeli cwrens coch, y finegr, y siwgr a'r saws Tabasco.
- Dewch â'r cyfan i'r berw a'i fudferwi am 2-3 munud.
- Defnyddiwch y blawd India corn gyda dŵr i'w dewhau.
- Gweinwch ar wely o reis neu gyda salad gwyrdd.

## *TERRINE* HWYADEN A THWRCI           Digon i 6

*Mae terrine yn bryd delfrydol ar gyfer y Nadolig ac mae'n rhewi'n dda. Mae'r cyfuniad o flas yr hwyaden a'r ffrwythau'n flasus tu hwnt.*

### *Cynhwysion*
110g/4 owns o fricyll *(apricots)* parod-i-fwyta
450g/pwys o ffiledi brest twrci
450g/pwys o ffiledi brest hwyaden
225g/8 owns o sialots wedi'u torri'n fân
6 llwy ford o frandi
225g/8 owns o afalau bwyta wedi'u torri'n fân
225g/8 owns o friwgig porc
50g/2 owns o fenyn
1 wy
1 llwy ford o bersli wedi'i falu
1 llwy ford o gennin syfi *(chives)* wedi'u malu
halen a phupur

### *Dull*
- Mwydwch y bricyll dros nos mewn ychydig o frandi.
- Tynnwch y croen oddi ar yr hwyaden, gosodwch rhwng dau ddarn o bapur gwrthsaim *(greaseproof)* a gwasgwch dan bìn rowlio. Rhowch mewn basn a mwydwch hwn hefyd dros nos mewn brandi.
- Torrwch y twrci'n ddarnau gweddol fân a'i brosesu, yna cymysgwch y twrci a'r briwgig porc. Ffriwch y sialots mewn ychydig o fenyn.
- Ychwanegwch y sialots at y gymysgedd twrci a phorc, gyda'r afalau, y cennin syfi, y persli a'r sesnad *(seasoning)*, yna clymwch y cwbl gyda'r wy.
- Leiniwch waelod tun torth 1.1l/2 beint gyda ffoil. Gosodwch frest hwyaden yng ngwaelod y tun heb adael lle gwag.
- Gwasgarwch hanner y gymysgedd twrci a hanner y bricyll dros yr hwyaden. Gwnewch yr un peth eilwaith, gan orffen gyda haenen o hwyaden.
- Arllwyswch unrhyw frandi sydd dros ben dros y cyfan, gorchuddiwch â ffoil a rhowch mewn tun rhostio gydag ychydig o ddŵr ynddo.
- Coginiwch am 2 awr ar 180C/350F/Nwy 4. Bydd y suddion yn rhedeg yn glir pan fydd yn barod. Oerwch y *terrine*, a'i dynnu o'r tun pan fydd yn oer a'i lapio mewn ffoil i'w rewi.
- Tynnwch y *terrine* o'r rhewgell y noson cyn ei weini.
- Gweinwch gyda salad.

## SOUFFLÉ BROCOLI                                     Digon i 4

*Mae brocoli'n llawn Fitaminau A ac C, mineralau, haearn a chalsiwm, ac mae'n gallu helpu i leihau pwysedd gwaed uchel. Mae'r rysáit hon yn flasus iawn ac yn addas at ginio neu swper. Mae fy wyrion yn dwlu ar brocoli, fel fi!*

### Cynhwysion
  225g/8 owns o flodau brocoli
  175g/6 owns o gaws Stilton wedi'i friwsioni

### Y Saws
  50g/2 owns o flawd plaen
  570ml/peint o laeth
  2 wy wedi'u gwahanu
  50g/2 oz o gaws Cheddar Cymreig
  1 llwy ford o bersli a chennin syfi *(chives)* wedi'u malu

### Dull
- Rhowch y brocoli mewn dysgl caserôl gydag ychydig o ddŵr a choginiwch yn y meicrodon ar bŵer llawn am bum munud. Draeniwch y brocoli a'i dorri'n fras, yna'i gymysgu gyda'r Stilton.
- I wneud y saws: rhowch y llaeth, y menyn a'r blawd mewn sosban.
- Dewch â nhw i'r berw gan droi'n gyson nes i'r saws dewhau. Ychwanegwch bupur a halen.
- Chwisgiwch y ddau felynwy i mewn i'r saws. Chwisgiwch y ddau wynnwy nes eu bod yn stiff a phlygwch y rhain i mewn.
- Rhowch y gymysgedd brocoli i mewn i'r saws gyda'r persli a'r cennin syfi.
- Irwch ddysgl *soufflé* 1.1l/2 beint ac arllwyswch y gymysgedd i mewn. Gwasgarwch y caws wedi'i ratio drosto.
- Pobwch am 20-30 munud ar 200C/400F/Nwy 6.

# STECIAU GAMWN GYDA SAWS CIWCYMBER        Digon i 4

## *Cynhwysion*
4 stecen gamwn
1 llwy ford o olew olewydd

## *Y Saws*
1 ciwcymber canolig wedi'i bilio a'i dorri'n giwbiau
25g/1 owns o fenyn
25g/1 owns o flawd plaen
150ml/¼ peint o laeth
2 lwy ford o hufen sengl neu iogwrt
1 llwy ford o gennin syfi *(chives)* wedi'u torri'n fân
halen a phupur

## *Dull*
- Gwnewch doriad yn y braster o gwmpas y steciau bob rhyw 3" (7.5cm) er mwyn arbed i'r steciau gyrlio.
- Brwsiwch y steciau â'r olew a griliwch am 4-5 munud bob ochr.
- I wneud y saws: rhowch y menyn mewn sosban a'i doddi. Ychwanegwch y blawd i wneud *roux*.
- Curwch y llaeth i mewn yn raddol a daliwch i guro nes bod y saws yn drwchus.
- Rhowch yr hufen neu'r iogwrt i mewn i'r saws ac ychwanegwch yr halen a phupur.
- Coginiwch y ciwcymber mewn dŵr berw am dair munud, draeniwch, yna ychwanegwch y ciwcymber at y saws.
- Arllwyswch ychydig o'r saws dros bob stecen.
- Gweinwch gyda thatws pob a llysiau gwyrdd.

## PASTA LLYSIAU AC AFALAU　　　　　　　　　　Digon i 4-6

*Mae hon yn rysáit hawdd ei haddasu, defnyddiol ar gyfer llysieuwyr, ond handi hefyd gyda chig wedi'i grilio, e.e. cyw iâr, chops cig oen, steciau neu bysgod.*

### Cynhwysion
- 1 pupur coch
- 1 pupur melyn
- 225g/8 owns o *courgettes* wedi'u sleisio
- 1 tun 400g/14 owns o domatos
- 1 winwnsyn coch
- 2 afal coch wedi'u sleisio
- 225g/8 owns o gregyn pasta
- 1 llwy ford o olew olewydd
- 1 *chilli* coch bach heb ei hadau
- 275ml/½ peint o sudd tomato
- 1 llwy ford o finegr gwin coch
- 1 tun 400g/14 owns o ffa menyn
- 1 llwy ford o bersli a chennin syfi *(chives)* wedi'u malu
- 50g/2 owns o gaws *Parmesan* wedi'i ratio
- 2 glof o arlleg wedi'u malu
- halen a phupur

### Dull

- Coginiwch y pasta mewn dŵr berw am 10 munud, yna draeniwch a chymysgwch mewn ychydig o olew.
- Hanerwch y puprod a thynnu'r hadau. Torrwch yn ddarnau gweddol fân.
- Torrwch yr winwnsyn, y tomatos a'r *chilli*'n fân.
- Twymwch yr olew mewn sosban *non-stick*, neu'n well fyth *wok*, a choginiwch y garlleg, yr winwnsyn a'r *chilli* am 2-3 munud.
- Ychwanegwch y puprod, y tomatos, y *courgettes* a'r afal. Coginiwch am tua 5 munud.
- Ychwanegwch y sudd tomato, y finegr a'r ffa menyn. Dewch ag e i'r berw a'i fudferwi am 5 munud. Ychwanegwch halen a phupur yn ôl eich dant.
- Rhowch y gymysgedd ar ben y pasta, ac addurnwch â'r persli, y cennin syfi a'r caws.

## *TERRINE* O GAWSIAU CYMREIG    Digon i 4

*Mae nifer fawr o wahanol gawsiau Cymreig ar gael erbyn hyn, felly beth am fanteisio ar y cyfle a gwneud y* terrine *blasus hwn? Mae'n ddelfrydol fel cwrs cyntaf, neu ginio ysgafn, neu fel prif gwrs i bryd llysieuol gyda salad gwyrdd.*

*Cynhwysion*
  350g/12 owns o gaws hufen
  130ml/4 owns hylif o hufen sur *(soured cream)*
  75g/3 owns o gaws Caerffili
  75g/3 owns o gaws glas Pencarreg
  75g/3 owns o gaws garlleg Nantybwla
  275ml/8 owns hylif o hufen dwbl
  1 bwnsiad o sibwns
  1 pecyn 5g/¼ owns o jelatin neu ddewis llysieuol
  sudd 1 lemwn
  110g/4 owns o rawnwin gwyrdd di-hadau (wedi'u haneru)
  110g/4 owns o gnau Ffrengig *(walnuts)* wedi'u torri'n fras
  pupur du wedi'i falu

*Dull*
- Twymwch y sudd lemwn gyda 2 lwy ford o ddŵr, dewch ag e i'r berw, arllwyswch i mewn i fasn bach a gwasgarwch y jelatin drosto. Gadewch iddo dewhau yna trowch e'n dda nes ei fod yn glir.
- Cymysgwch y caws hufen a'r hufen sur gyda'i gilydd.
- Curwch yr hufen nes iddo dewhau.
- Torrwch y cawsiau'n ddarnau gweddol fân.
- Torrwch y sibwns yn fân.
- Ychwanegwch y jelatin wedi'i doddi at y gymysgedd gaws hufen a hufen sur, yna cyfunwch y cawsiau, yr hufen dwbl, y sibwns, y grawnwin, y cnau Ffrengig a'r pupur du. Cymysgwch y cyfan yn dda.
- Rhowch mewn tun *terrine* 7" x 3.5" (18 x 9cm) wedi'i leinio â *clingfilm* ac oerwch am rai oriau. I weini, torrwch yn sleisiau.
- Os nad oes tun *terrine* gyda chi, peidiwch â phoeni, gallwch chi ddefnyddio unrhyw dun neu ddysgl o'r maint iawn i ddal y gymysgedd.

## HAM A CHENNIN MEWN SAWS CAWS    Digon i 4

*Gallech chi ddefnyddio hwn fel cwrs cyntaf neu swper Dydd Calan. Mae'n ffordd flasus iawn o gyfuno ham a chennin.*

### Cynhwysion
4 sleisen o ham wedi'i goginio
4 cenhinen
25g/owns o fenyn
1 bwnsiad o sibwns wedi'u torri'n fân
50g/2 owns o *gherkins* wedi'u torri'n fân
1 llwy ford o deim a phersli wedi'u malu
275ml/½ peint o hufen dwbl
50g/2 owns o gaws Cheddar wedi'i ratio

### Dull
- Paratowch y cennin drwy dorri'r dail gwyrdd gan adael y darnau gwyn yn gyfan.
- Rhowch y darnau cennin gwyn mewn dysgl gyda 150ml/¼ peint o ddŵr, gorchuddiwch â *clingfilm* a choginiwch mewn ffwrn feicrodon am 10 munud.
- Torrwch ddail gwyrdd y cennin yn fân, twymwch y menyn mewn sosban a choginiwch y cennin gwyrdd, y sibwns a'r *gherkins* yn gyflym. Coginiwch am 2-3 munud ac ychwanegwch y teim a'r persli.
- I wneud y saws: berwch yr hufen a'r caws yn araf gyda'i gilydd am 2 funud.
- I weini, rhowch y gymysgedd cennin gwyrdd ar blât gweini. Rholiwch y darnau cennin gwyn yn y sleisiau o ham a threfnwch nhw ar ben y gymysgedd.
- Arllwyswch y saws dros yr ham ac addurnwch gyda berw dŵr *(watercress)* a thomatos bach.

## *KEDGEREE* CORBENFRAS *(HADDOCK)* WEDI'I FYGU     Digon i 6

*Mae hwn yn gwneud swper neu frecwast hwyr hyfryd, ysgafn ei ansawdd a chyda blas sawrus. Ar ôl prydau mawr y Nadolig, beth all fod yn well na kedgeree?*

*Cynhwysion*
450g/pwys o gorbenfras wedi'i fygu
110g/4 owns o fenyn
1 winwnsyn canolig wedi'i sleisio'n denau
2 lwy de o bowdr cyrri
175g/6 owns o reis gronyn hir
50g/2 owns o syltanas
425ml/¾ peint o ddŵr
halen a phupur
1 llwy ford o bersli a chennin syfi *(chives)* ffres wedi'u malu
4 wy wedi'u berwi'n galed

*Dull*
- Tynnwch y croen oddi ar y pysgod a thorrwch yn ddarnau 2" (5cm).
- Twymwch 50g/2 owns o'r menyn mewn sosban a choginiwch yr winwnsyn a'r powdr cyrri nes bod yr winwnsyn yn feddal.
- Ychwanegwch y reis, y syltanas a'r dŵr, dewch â'r cyfan i'r berw a'i fudferwi am chwarter awr, wedi'i orchuddio.
- Ychwanegwch y corbenfras a daliwch i goginio nes bod yr hylif wedi'i amsugno.
- Ychwanegwch weddill y menyn, y sudd lemwn a'r persli.
- Rhowch y *kedgeree* ar blât gweini twym a threfnwch yr wyau wedi'u torri'n haneri neu'n chwarteri o'i gwmpas.

# PRIF GYRSIAU

# HAM PÔB Y NADOLIG  Digon i 8

*Mae hwn yn bryd blasus iawn, gyda blas sawrus yr ham yn cyfuno'n hyfryd gyda'r mêl. Pryd delfrydol dros yr Ŵyl.*

## Cynhwysion
1 darn 1.8kg/4 pwys o ham
1-2 ddeilen lawryf *(bay leaves)*
1 winwnsyn wedi'i sleisio
1 foronen wedi'i sleisio
1 tun 450g/pwys o fricyll *(apricots)*
2 lwy ford o fêl clir

## Dull
- Mwydwch yr ham dros nos mewn dŵr oer i dynnu'r halen allan.
- Gosodwch y cig mewn dysgl ffwrn gyda'r dail llawryf, yr winwnsyn a'r foronen.
- Arllwyswch ddŵr berw gan hanner gorchuddio'r cig. Gorchuddiwch â ffoil a phobwch am 1½ awr ar 180C/350F/Nwy 4.
- Tynnwch y ddysgl o'r ffwrn ac arllwyswch y stoc allan. Tynnwch y croen oddi ar yr ham a rhowch y cig yn ôl yn y ddysgl ffwrn.
- Draeniwch y sudd oddi ar y bricyll ac arllwyswch y sudd dros yr ham, gyda'r mêl. Coginiwch am 45 munud eto.
- Tynnwch yr ham o'r ffwrn a gweinwch gyda haneri bricyll a cheirios coctêl.

# CYFRWY *(SADDLE)* TWRCI WEDI'I STWFFIO          Digon i 6-8

*Os yw twrci cyfan yn ormod i chi adeg y Nadolig, pam na phrynwch chi "gyfrwy"? Mae'n arbed arian ac mae hefyd yn hawdd i'w sleisio.*

## Cynhwysion
1 cyfrwy twrci 6.3kg/14 pwys
75g/3 owns o fenyn i seimio (baste)

## Dull
- Torrwch y cig oddi ar yr asgwrn, a bydd gennych ddwy frest o gig.
- Torrwch boced ym mhob brest a stwffiwch â Stwffin Perlysiau Traddodiadol (tud. 40). Clymwch gortyn o gwmpas y frest mewn tri neu bedwar man i gadw'r stwffin yn ei le.
- Rhowch y cig mewn tun rhostio, arllwyswch ychydig o ddŵr drosto a thaenwch y menyn dros y cig.
- Gorchuddiwch â ffoil a choginiwch am 2½ awr ar 200C/400F/Nwy 6.
- Tynnwch y ffoil hanner awr cyn gorffen coginio i frownio'r twrci.
- Gweinwch gyda selsig, peli stwffin a Saws Eirin ac Afal neu Saws Llugaeron a Gwin Port (tud. 36).

## CASERÔL TYMHOROL CIG EIDION A CHIG CARW     Digon i 4-6

*Mae rhai pobl yn hoffi rhywbeth gwahanol amser cinio Nadolig, felly beth am drio'r caserôl moethus hwn?*

*Cynhwysion*
700g/1½ pwys o stec caserôl da
700g/1½ pwys o gig carw da
450g/pwys o winwns coch wedi'u torri'n fân
225g/8 owns madarch botwm wedi'u torri'n fân
1 llwy de o *allspice*
1 pupur coch wedi'i sleisio
1 pupur melyn wedi'i sleisio
570ml/peint o win coch
sprigiau o deim a saets
2 glof o arlleg wedi'u malu
225g/8 owns o gnau castan *(chestnuts)*
1 llwy ford o olew olewydd
25g/owns o fenyn
halen a phupur

*Dull*
- Torrwch y cig yn ddarnau gweddol fân.
- Twymwch y menyn a'r olew mewn dysgl caserôl a ffriwch y cig yn gyflym nes ei fod wedi'i frownio a'i selio.
- Rhowch yr halen, y pupur a'r *allspice* ar y cig.
- Ychwanegwch y madarch, yr winwns, y garlleg, y puprod, y teim a'r saets at y caserôl a chymysgwch y cyfan yn drwyadl.
- Arllwyswch y gwin coch i mewn, dewch â'r cyfan i'r berw, yna gorchuddiwch a choginiwch am 2 awr yn y ffwrn ar 180C/350F/Nwy 4.
- Ychwanegwch y cnau castan hanner awr cyn gorffen coginio.
- Gallwch chi dewhau'r caserôl â 275ml/½ peint o hufen dwbl neu ychydig o flawd India corn *(cornflour)* wedi'i gymysgu â dŵr.

# FFESANT RHOST GYDA BRESYCH COCH  Digon i 4

*Os ydych chi'n hoffi helgig, mae'r dull hwn o goginio ffesant yn siŵr o dynnu dŵr o'ch dannedd. Mae'n newid braf o dwrci Nadolig.*

## Cynhwysion

2 ffesant yn barod i'r ffwrn, wedi'u torri yn eu hanner
225ml/8 owns hylif o win coch
450g/pwys o winwns botwm
225g/8 owns o fadarch botwm
2 lwy ford o jeli cwrens coch
1 llwy ford o finegr mafon
halen a phupur
175g/6 owns o facwn wedi'i fygu
sprigyn o deim
2 winwnsyn coch wedi'u sleisio'n denau
450g/pwys o fresych coch wedi'u torri'n stribedi tenau
25g/1 owns o fenyn
2 clof o arlleg wedi'u malu
ychydig o olew
25g/1 owns o flawd India corn *(cornflour)*

## Dull

- Toddwch y menyn a'r olew mewn caserôl *flameproof.*
- Rhowch y ffesant ynddo a ffriwch bob ochr i selio'r suddion.
- Tynnwch y ffesant o'r caserôl a'i osod ar blât. Yn y caserôl, ffriwch yr winwns botwm, y madarch a'r garlleg.
- Ychwanegwch y gwin coch, y finegr, y jeli cwrens coch a'r sesnad *(seasoning)*. Dewch â'r cyfan i'r berw.
- Gosodwch y ffesant ar ben y gymysgedd yn y caserôl a gosodwch y stribedi bacwn yn gris-croes dros y ffesant. Gorchuddiwch a choginiwch am 40-45 munud ar 200C/400F/Nwy 6.
- Yn y cyfamser, coginiwch y bresych a'r winwns coch mewn ychydig o fenyn ac olew mewn padell ffrio, heb golli'r crensh yn y bresych.
- Unwaith mae'r ffesant yn barod, gosodwch e ar blât gweini.
- I dewhau'r saws sydd ar ôl yn y caserôl, cymysgwch flawd India corn gydag ychydig o win ac arllwyswch i mewn i'r caserôl. Dewch ag ef i'r berw ac ychwanegwch halen a phupur yn ôl eich dant.
- Arllwyswch y saws o gwmpas y ffesant gyda'r bresych coch.

## COLOMEN WYLLT FRWYSIEDIG
## (BRAISED WOOD PIGEON)

Digon i 4

Mae colomennod gwyllt yn amrywio mewn maint, wrth gwrs, a thewa i gyd yw'r aderyn, mwya i gyd o gig fydd arno. Gallwch brynu colomen wyllt mewn archfarchnadoedd neu siopau pysgod.

### Cynhwysion
2 golomen wyllt tua 450g/pwys yr un
halen a phupur
40g/1½ owns o fenyn
16 o winwns bach
350g/12 owns o gig moch brith *(streaky)*
sprigiau o deim
2 ddeilen lawryf *(bay leaves)*
2 glof o arlleg
275ml/½ peint o stoc
275ml/½ peint o win gwyn sych
275ml/½ peint o sieri melys neu Madeira
225g/8 owns o fadarch bach
40g/1½ owns o flawd plaen (ar gyfer y saws)
40g/1½ owns o fenyn (ar gyfer y saws)

### Dull
- Rhannwch y colomennod yn ddwy goes a dwy frest a'u ffrio mewn menyn nes eu bod yn frown euraid. Rhowch y darnau mewn dysgl caserôl.
- Torrwch y cig moch yn ddarnau a ffriwch mewn menyn gyda'r winwns a'r madarch. Ychwanegwch y gwin, y stoc, y sieri, y dail llawryf a'r garlleg.
- Rhowch y cyfan yn y ddysgl caserôl a choginiwch am awr yn y ffwrn ar 190C/375F/ Nwy 5.
- Pan fydd yn barod tynnwch yr adar o'r ddysgl a'u gosod ar blât gweini.
- I dewhau'r saws: cymysgwch y blawd a'r menyn yn raddol. Ychwanegwch y gymysgedd at y saws yn y ddysgl caserôl, dewch ag ef i'r berw a mudferwch am 2-3 munud.
- Arllwyswch y saws dros yr adar ac addurnwch gyda phersli neu gennin syfi *(chives)*.
- Gweinwch gyda'ch dewis chi o lysiau.

1. *Pâté* Brithyll gyda Saws Oren a Granadila *(Passion Fruit)* (tud. 13)
2. Byniau *Choux* Sawrus (tud. 19)
3. Pigoglys *(Spinach)* ac Afocado (tud. 27)
4. *Gratin* Caws, Tatws a Llysiau (tud. 44)

1

2

3

4

5

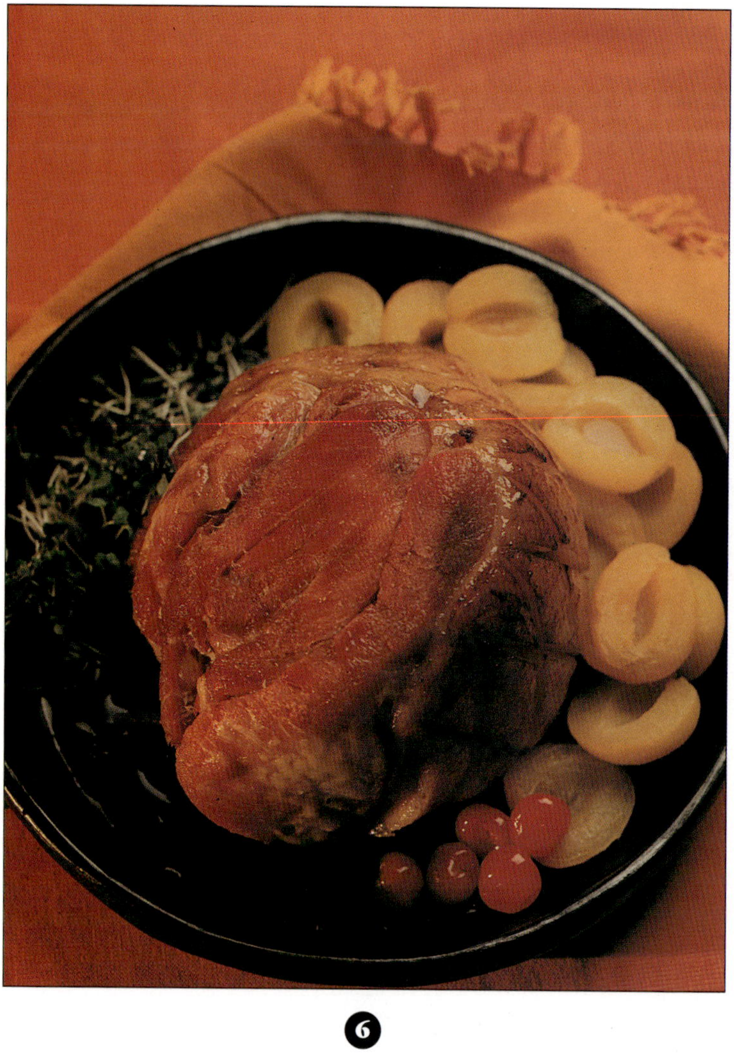

7

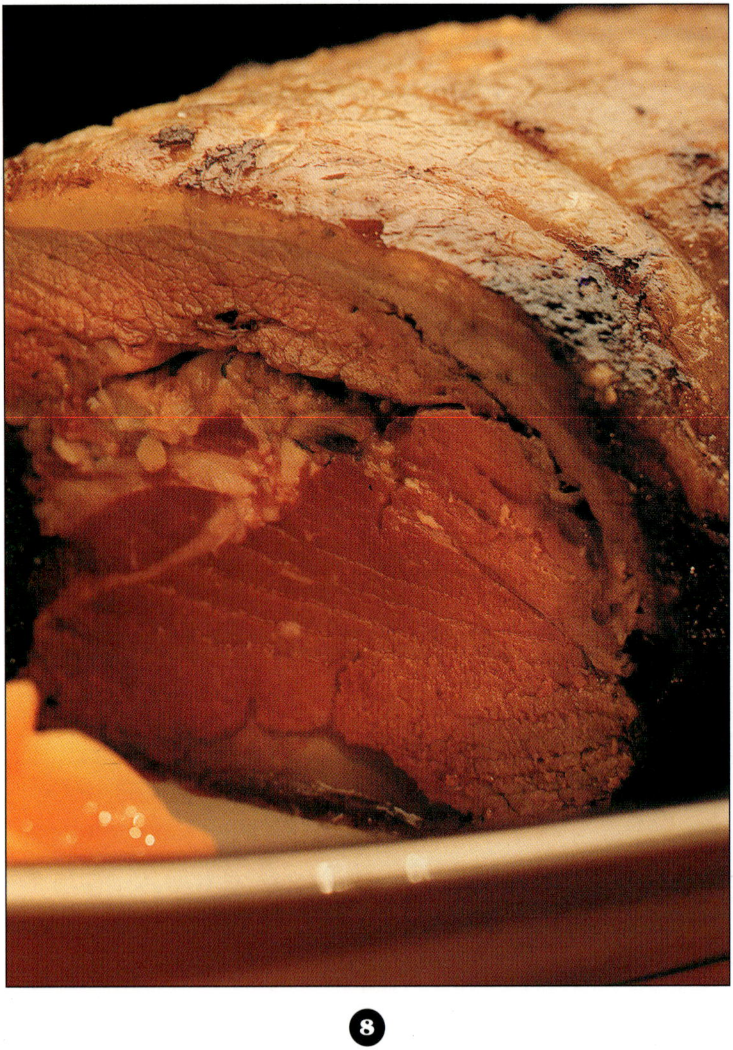

# COES PORC RHOST GYDA STWFFIN OREN A PHINAFAL   Digon i 6

## *Cynhwysion*
coes porc 1.1kg/2½ pwys
1 llwy ford o olew olewydd
halen a phupur
1 llwy ford o fêl

## *Stwffin*
1 winwnsyn wedi'i dorri'n fân
225g/8 owns o friwsion bara gwyn
50g/2 owns o fenyn wedi toddi
croen 1 oren
225g/8 owns o ddarnau pinafal wedi'u torri'n fân
1 llwy ford o bersli wedi'i falu
1 llwy de o deim wedi'i falu
110g/4 owns o gig selsig porc

## *Dull*
- Tynnwch yr asgwrn o goes y porc.
- I wneud y stwffin: ffriwch yr winwnsyn yn araf mewn ychydig o fenyn.
- Rhowch yr winwnsyn mewn basn mawr. Ychwanegwch y briwsion bara, croen yr oren, y persli, y teim a'r cig selsig a chymysgwch y cyfan yn drwyadl.
- Rhowch y stwffin yn y goes lle roedd yr asgwrn a chlymwch y ddau ben â chortyn.
- Gosodwch y goes mewn tun rhostio a brwsiwch â mêl ac olew.
- Coginiwch am 2 awr ar 200C/400F/Nwy 6. Os oes angen, trowch y gwres i lawr ar ôl tua awr.
- Gweinwch â winwns mewn menyn a llysiau gwyrdd.

5. *Terrine* Hwyaden a Thwrci (tud. 51)
6. Ham Pôb y Nadolig (tud. 60)
7. Cyfrwy Twrci wedi'i Stwffio (tud. 61)
8. Syrlwyn Cig Eidion wedi'i Stwffio (tud. 67)

# HWYADEN ROST GYDA STWFFIN CNAU *PISTACHIO* A LLUGAERON *(CRANBERRIES)*
Digon i 4

Mae cyfuniad y cynhwysion yn cyd-fynd yn dda â blas sawrus cryf yr hwyaden.

### Cynhwysion
1 hwyaden 2kg/4½ pwys
halen

### Y Stwffin
175g/6 owns o friwsion bara
1 clof o arlleg wedi'i falu
1 winwnsyn wedi'i dorri'n fân
50g/2 owns o fenyn
75g/3 owns o gnau *pistachio* wedi'u torri'n fân
1 llwy ford o deim a phersli ffres
sudd a chroen 1 oren

### Y Sglein (Glaze)
5 owns hylif/¼ peint o win port
sudd a chroen 1 oren
350g/12 owns o jeli cwrens coch
110g/4 owns o lugaeron

### Dull
- Paratowch y stwffin trwy ffrio'r winwnsyn mewn ychydig o fenyn nes ei fod yn feddal. Yna cymysgwch yr winwnsyn gyda'r briwsion bara, y cnau, y garlleg, y teim, y persli a sudd a chroen yr oren.
- Sychwch yr hwyaden â lliain glân, prociwch e drosto gyda fforc a gwasgarwch halen dros y croen. Mae hwn yn rhoi ansawdd crimp hyfryd i'r hwyaden.
- Tynnwch yr asgwrn o wddf yr hwyaden a thynnwch y croen o'i gwmpas yn rhydd. Gwthiwch y stwffin o dan groen gwddf yr hwyaden. Plygwch y croen rhydd o dan yr hwyaden.
- Rhowch yr hwyaden ar dun rhostio, rhwbiwch ychydig o fenyn drosti a choginiwch am 2 awr ar 180C/350C/Nwy 4.
- I weld a yw'r hwyaden wedi'i choginio, codwch yr aderyn a gadael i'r suddion redeg allan. Os ydyn nhw'n glir, mae'n barod. Codwch o'r tun a'i gosod ar blât gweini.
- I wneud y sglein: rhowch y cynhwysion i gyd mewn sosban, dewch â nhw i'r berw a'u mudferwi am 5 munud. Brwsiwch rywfaint o'r sglein dros yr hwyaden, yna arllwyswch y gweddill i mewn i jŵg.
- Gweinwch gyda thatws rhost, brocoli a moron mewn menyn.

## SYRLWYN CIG EIDION WEDI'I STWFFIO             Digon i 6

*Cig eidion yw fy hoff gig, ac mae hon yn ffordd flasus dros ben o goginio syrlwyn. Mae'n rhost gwych ar gyfer parti, wedi'i weini gyda photel o win coch da.*

### *Cynhwysion*
1.35kg/3 pwys o syrlwyn heb asgwrn
450g/pwys o gnau castan *(chestnuts)*, ffres neu dun
725ml/1½ peint o stoc cyw iâr
1 clof o arlleg wedi'i falu
25g/1 owns o fenyn
1 llwy ford o olew olewydd
1 winwnsyn bach wedi'i dorri'n fân
110g/4 owns o fadarch wedi'u torri'n fân
225g/8 owns o gig selsig
1 llwy ford o bersli wedi'i falu
1 llwy de o berlysiau cymysg
sudd a chroen 1 oren

### *Dull*
- Os ydych yn defnyddio cnau castan ffres, torrwch hollt fach ym mhob cneuen â chyllell siarp, a rhowch nhw mewn sosban. Gorchuddiwch nhw â stoc cyw iâr a'u mudferwi am 30 munud. Draeniwch a thorrwch yn fras. Os ydych yn defnyddio cnau tun, nid oes angen eu coginio, ond draeniwch nhw a'u torri'n fras.
- Toddwch y braster mewn sosban a ffriwch yr winwnsyn, y garlleg a'r madarch yn araf nes byddant yn feddal.
- Cymysgwch y cig selsig, y persli, y perlysiau, y cnau, y sudd a chroen yr oren gyda'r gymysgedd winwns.
- Gosodwch y stwffin ar ganol y darn syrlwyn, rholiwch e i fyny a chlymwch â chortyn mewn sawl man.
- Rhostiwch y syrlwyn ar wely o lysiau, a choginiwch am tua 1½ awr ar 200C/400F/Nwy 6, gan ddibynnu pa mor drwyadl yr ydych chi'n hoffi coginio'ch cig.
- Pan fydd y cig yn barod, codwch e o'r tun a'i osod ar blât gweini gyda'r llysiau. Gwnewch grefi drwy arllwys 275ml/½ peint o win coch a 275ml/½ peint o stoc cig eidion i mewn i'r tun ac ychwanegu halen a phupur.
- Dewch ag e i'r berw a'i dewhau gydag ychydig o flawd India corn *(cornflour)* a dŵr.
- Gweinwch gyda Phwdin Swydd Efrog (tud. 75).

## SAMWN WEDI'I GRILIO GYDA FFRIAD LLYSIAU A SAWS OREN
### Digon i 2-3

Mae blas samwn ffres yn ddelicet iawn, felly mae angen rhywbeth i roi ansawdd i'r blas. Wrth greu'r rysáit hon, rwy wedi ychwanegu at y saws heb amharu ar flas y samwn.

### Cynhwysion
450g/pwys o ffiledi samwn ffres
1 llwy ford o olew olewydd
1 llwy de o sinsir ffres wedi'i ratio
1 clof o arlleg wedi'i falu
1 pupur coch wedi'i sleisio
1 pupur melyn wedi'i sleisio
110g/4 owns o gennin mewn stribedi tenau
110g/4 owns o fadarch botwm
1 bwnsiad o sibwns wedi'u sleisio

### Y Saws
275ml/½ peint o sudd oren ffres
2 lwy ford o frandi
croen 1 oren
1 llwy ford o *purée* tomato
1 llwy ford o siwgr Demerara
halen a phupur

### Dull
- Brwsiwch ychydig o olew dros badell y gril. Twymwch y badell a rhowch y ffiledi ynddi'n ofalus, gyda'r cig ar y gwaelod.
- Coginiwch am 2-3 munud, yna trowch drosodd a choginiwch am 2 funud arall.
- Twymwch ychydig o olew mewn padell ffrio a ffriwch y llysiau gan ychwanegu'r sinsir a'r garlleg.
- Rhowch y llysiau ar blât gweini a gosodwch y samwn ar ben y llysiau.
- I wneud y saws: arllwyswch y sudd oren, y brandi, croen yr oren, y *purée* tomato a'r siwgr i mewn i badell y gril a dewch â'r cyfan i'r berw. Mudferwch am ddwy funud yna blaswch ac ychwanegwch halen a phupur os oes angen. Arllwyswch y saws dros y samwn a'r llysiau.
- Addurnwch â chennin syfi *(chives)* wedi'u torri'n fân.

# CYW IÂR MÊL SBEISLYD                    Digon i 3

## *Cynhwysion*
6 clun cyw iâr *(thighs)*
4 llwy ford o olew olewydd
1 llwy de yr un o *turmeric* a choriander
1 llwy de o *garam massala*
1 llwy ford o fêl
1 winwnsyn coch wedi'i sleisio
110g/4 owns o fadarch botwm
tun 400g/14 owns o domatos wedi'u torri
275ml/½ peint o win gwyn
cennin syfi *(chives)* wedi'u malu
persli
150ml/¼ peint o hufen sur *(soured cream)*
50g/2 owns o flawd plaen
1 clof o arlleg

## *Dull*
- Gorchuddiwch y darnau cyw iâr â'r blawd.
- Twymwch yr olew mewn sosban fawr a ffriwch y cyw iâr nes ei fod wedi brownio ar y ddwy ochr.
- Ychwanegwch yr winwnsyn, y sbeisys, y mêl, y tomatos, y garlleg, y madarch a'r gwin.
- Mudferwch am chwarter awr, ac yna **ychydig cyn gweini**, arllwyswch yr hufen sur i mewn. Bydd hwn yn tynnu ychydig o'r gwres allan o'r saig.
- Addurnwch â chennin syfi.

**RHOST CNAU Y NADOLIG**                    Digon i 6-8

*Mae rhost cnau yn edrych yn drawiadol iawn fel canolbwynt bwrdd cinio Nadolig, yn enwedig wedi'i weini gyda saws tomato blasus.*

*Cynhwysion*
2 bupur coch wedi'u torri'n fân
225g/8 owns o gnau cymysg
110g/4 owns o friwsion bara cyflawn (*wholemeal*)
110g/4 owns o gaws Cheddar wedi'i ratio'n fân
1 winwnsyn wedi'i dorri'n fân
1 genhinen wedi'i thorri'n fân
2 glof o arlleg wedi'u malu
175g/6 owns o foron wedi'u gratio
2 *courgette* canolig
175g/6 owns o celeriac wedi'i ratio
2 wy wedi'u curo
2 lwy ford o bersli ffres wedi'i falu
2 lwy ford o gennin syfi *(chives)* wedi'u malu
2 lwy ford o deim ffres wedi'i falu
tun torth 450g-700g/1-1½ pwys

*Y Saws*
1 llwy ford o olew olewydd
1 winwnsyn wedi'i dorri'n fân
2 glof o arlleg wedi'u malu
2 goes o seleri wedi'u sleisio
1 foronen wedi'i sleisio
150ml/¼ peint o win gwyn
450g/pwys o domatos wedi'u torri
1 llwy de o berlysiau cymysg

*Dull*
- Twymwch yr olew a ffriwch yr winwnsyn, y puprod, y seleri, y garlleg a'r genhinen yn araf nes eu bod yn feddal.
- Torrwch y cnau'n fân â chyllell neu mewn prosesydd bwyd.
- Mewn basn mawr, cymysgwch y cynhwysion i gyd yn drwyadl. Clymwch gyda'r wyau.
- Irwch a leiniwch y tun torth, trowch y gymysgedd i mewn i'r tun a chywasgwch yn dynn. Gorchuddiwch â ffoil a phobwch am 45 munud i awr. Gweinwch yn oer neu'n dwym gyda'r saws.
- I wneud y saws: twymwch yr olew mewn sosban, ychwanegwch yr winwns, y garlleg, y seleri a'r foronen a choginiwch am 1-2 funud. Ychwanegwch y gwin, y tomatos a'r perlysiau a mudferwch y cyfan am 10 munud.
- Proseswch y saws nes ei fod yn llyfn. Ychwanegwch sesnad *(seasoning)* yn ôl eich dant.

# FFILEDI CIG OEN                                Digon i 4

## *Cynhwysion*
2 ffiled cig oen
2 glof o arlleg
halen a phupur
2 domato (heb eu crwyn a'u hadau ac wedi'u torri'n fân)
425ml/¾ peint o win ysgaw *(elderberry)*
2 lwy ford o jeli mintys
2 lwy ford o jeli cwrens coch
1 lemwn
2 lwy ford o olew

## *Dull*
- Twymwch yr olew mewn tun rhostio a browniwch y cig yn gyflym ar y ddwy ochr.
- Malwch y garlleg a'i ychwanegu at y cig gyda'r jeli mintys. Rhowch halen a phupur arno a rhowch yn y ffwrn am 8-10 munud ar 200C/400F/Nwy 6.
- Gorchuddiwch â ffoil a gadewch iddo sefyll am 10 munud.
- I wneud y saws: tynnwch y cig oen o'r tun a draeniwch unrhyw saim sydd dros ben allan o'r tun. Ychwanegwch y gwin, y tomatos a'r jeli cwrens coch, berwch am 5-6 munud nes i'r saws leihau i'w hanner. Ychwanegwch y sudd lemwn a'r sesnad *(seasoning)*.
- Torrwch y cig yn sleisiau trwchus a gosodwch 3-4 sleisen i bob person ar blatiau unigol.
- Gweinwch gyda seleri brwysiedig *(braised)*, moron bach a theisennod tatws a chennin syfi *(chives)*. Arllwyswch ychydig o'r saws dros bob plât.

## PARSELI FFILO LLYSIEUOL  Digon i 6

*Cynhwysion*

450g/pwys o datws
450g/pwys o foron
225g/8 owns o gennin
1 bwnsiad o sibwns
450g/pwys o flodau brocoli
1 clof o arlleg wedi'i falu
150g/5 owns o fenyn
15ml/1 llwy ford o sudd lemwn
300ml/10 owns hylif o *fromage frais*
halen a phupur
6 dalen fawr o grwst ffilo
110g/4 owns o gnau almwn wedi'u malu

*Dull*

- Glanhewch y llysiau, a thorrwch y tatws a'r moron yn giwbiau. Sleisiwch y cennin a thorrwch y brocoli'n flodau mân. Torrwch y sibwns yn stribedi tenau.
- Rhowch y tatws, y moron, y cennin a'r sibwns mewn sosban a choginiwch am 10 munud.
- Draeniwch y llysiau, ychwanegwch y garlleg a'r sesnad *(seasoning)*. Trowch y *fromage frais* a'r sudd lemwn i mewn.
- Torrwch y crwst ffilo'n sgwariau 6" (15cm).
- Toddwch y menyn, a'i frwsio dros un ddalen o ffilo; gwnewch yr un peth gyda'r dail eraill a rhowch nhw ar ben ei gilydd.
- Rhowch y gymysgedd mewn pentwr ar ganol y ffilo, gan adael bordor o gwmpas yr ymylon. Seliwch y crwst trwy wasgu'r pedwar cornel at ei gilydd i wneud parsel.
- Rhowch y parseli ar dun pobi, yna brwsiwch nhw gyda menyn wedi toddi.
- Pobwch am 20-25 munud ar 200C/400F/Nwy 6.
- Wrth baratoi'r parseli, gosodwch y crwst ffilo ar liain llestri tamp. Bydd hyn yn arbed iddo sychu.

## *NOISETTES* CIG OEN GYDA SAWS TARAGON            Digon i 4

*Mae'r rysáit hon yn flasus iawn, gyda chyfoeth blas cig oen Cymreig a blas y saws taragon (neu gallwch ddefnyddio coriander). Rwy'n hoffi symlrwydd y rysáit. Adeg y Nadolig, gallwch ei weini gyda'ch dewis chi o lysiau, ac yn yr haf mae'n gweddu i salad.*

### *Cynhwysion*
900g/2 bwys o lwyn cig oen heb ei groen
225g/8 owns o giwcymber
225g/8 owns o domatos bach
1 winwnsyn coch mawr
2 lwy ford o finegr taragon
2 lwy de o siwgr caster
1 clof o arlleg wedi'i falu
2 lwy ford o olew olewydd
150ml/¼ peint o win gwyn
150ml/¼ peint o hufen dwbl
275ml/8 owns hylif o stoc cyw iâr
1 bwnsiad o daragon wedi'i dorri'n fras
halen a phupur i flasu

### *Y Stwffin*
175g/6 owns o friwsion bara gwyn
50g/2 owns o fenyn wedi toddi
1 winwnsyn bach wedi'i sleisio
1 bwnsiad bach o gennin syfi *(chives)* wedi'u torri'n fân
50g/2 owns o facwn wedi'i fygu wedi'i dorri'n fân
1 wy
halen a phupur

### *Dull*
- Paratowch y lwyn drwy dynnu'r croen allanol.
- I wneud y stwffin: ffriwch yr winwnsyn a'r bacwn yn y menyn am 2-3 munud ond **heb** eu brownio.
- Cymysgwch y briwsion bara, yr winwnsyn a'r bacwn, y menyn a'r cennin syfi gyda'i gilydd. Clymwch y cyfan gyda'r wy.
- Gosodwch y stwffin i lawr canol y lwyn, yna rholiwch e i fyny a'i glymu ag 8 darn o gortyn tua 1" (2.5cm) oddi wrth ei gilydd. Torrwch rhwng pob darn cortyn i wneud 8 *noisette*.
- Twymwch ychydig o olew mewn padell ffrio fawr a choginiwch y *noisettes* am tua 5 munud bob ochr nes eu bod yn frown y ddwy ochr a'r braster yn grimp. Rhowch nhw ar blât a'u cadw'n dwym.
- Yn y cyfamser, gwnewch y saws: rhowch yr winwnsyn yn y badell ffrio a'i goginio nes ei fod yn feddal. Ychwanegwch 1 llwy ford o'r finegr, y gwin, y garlleg a'r stoc, dewch â'r cyfan i'r berw a'i fudferwi am 10 munud. Ychwanegwch yr hufen a mudferwch am 5 munud, gan ychwanegu'r taragon a'r sesnad *(seasoning)*.
- Tynnwch y cortyn, a rhowch y *noisettes* yn y saws.
- Gweinwch gyda thomato a chiwcymber mewn marinêd o finegr a siwgr.

## GŴYDD ROST GYDA SAWS OREN A GRAWNWIN       Digon i 4

*Mae'r ŵydd yn hoff aderyn i'w goginio gan nifer fawr o gogyddion oherwydd fod rhywfaint o flas helgig* (game) *arno. Pwysau cyfartalog: 2.7kg-5.4kg. Caniatewch 350g-400g i bob person. Mae adar ffres ar eu gorau rhwng mis Hydref a mis Chwefror.*

### Cynhwysion
1 ŵydd 2.7kg/6 phwys
halen
1 winwnsyn bach
2 oren mawr
2 lwy ford o siwgr
275ml/½ peint o stoc cyw iâr
sudd 1 lemwn
2 lwy ford o frandi
225g/8 owns o rawnwin heb hadau

### Dull
- Tynnwch y mewnion *(giblets)* a gwnewch yn siŵr fod y tu mewn i'r ŵydd yn berffaith lân.
- Priciwch yr ŵydd drosti a rhwbiwch hi â halen.
- Rhowch yr winwnsyn, wedi'i lanhau, i mewn yn yr ŵydd gyda stribedi o'r croen oren.
- Rhowch y mewnion yng ngwaelod tun rhostio, yna rhowch yr ŵydd ar resel wifren drostyn nhw.
- Rhostiwch yn y ffwrn am 30 munud i bob 450g/pwys ar 180C/350F/Nwy 4.
- Tra bod yr ŵydd yn rhostio, paratowch y saws: tynnwch weddill y croen a'r isgroen *(zest)* oddi ar yr orenau. Rhannwch y cnawd yn sleisiau a gwasgwch y sudd o'r canol.
- Mewn sosban fach drom, toddwch y siwgr mewn 2 lond llwy ford o ddŵr yna berwch nes iddo garameleiddio. Ychwanegwch y stoc poeth a thwymwch nes bod y caramel wedi toddi.
- I weld a yw'r ŵydd yn barod, prociwch y glun â sgiwer, ac os yw'r suddion yn rhedeg yn glir, mae'n barod.
- Rhowch yr ŵydd ar blât gweini a chadwch yn dwym.
- Arllwyswch unrhyw fraster sydd dros ben allan o'r tun rhostio, ychwanegwch y stoc a'r caramel, sudd yr orenau a'r lemwn a'r brandi. Twymwch nhw, gan droi i ryddhau'r gwaddodion o waelod y tun, ac ychwanegwch halen a phupur os oes angen.
- Ychwanegwch y sleisiau a'r croen oren a'r grawnwin. Gweinwch gyda moron mewn menyn, brocoli a thatws rhost.

## PWDIN SWYDD EFROG

*Mae cig eidion a phwdin Swydd Efrog yn un o fy hoff brydau bwyd. Rwy wastad yn cofio fy nyddiau ysgol, pan fyddai Miss Evans, Coginio, yn dweud, wrth i ni wneud y cytew: "Curwch e i sŵn ceffylau'n carlamu"! Rwy'n chwerthin wrth feddwl amdani, ond y gwir yw fod ei guro felly'n sicrhau fod digon o aer yn y gymysgedd, ac mae'r pwdin yn wych!*

*Cynhwysion*
   110g/4 owns o flawd plaen cryf
   2 wy
   150ml/¼ peint o ddŵr oer
   150ml/¼ peint o laeth
   pinsiad o halen

*Dull*
- Rhowch y blawd a'r halen mewn basn, curwch yr wyau i mewn a churwch nes yn llyfn gan ddefnyddio chwisg drydan, chwisg law neu lwy fetel.
- Curwch y llaeth a'r dŵr i mewn yn raddol - i "sŵn ceffylau'n carlamu" - yna gadewch iddo sefyll am o leiaf hanner awr. Trwy wneud hyn mae'r cytew *(batter)* yn tewhau.
- I wneud pwdinau Swydd Efrog bach, twymwch ychydig o olew mewn tun *patties*. Gwnewch yn siŵr fod yr olew'n boeth iawn, yna rhannwch y cytew rhwng y 12 pant.
- Coginiwch yn y ffwrn am 10-12 munud ar 200C/400F/Nwy 6-7.
- Pan fyddan nhw'n barod, dylen nhw fod yn gras, yn llawn aer ac yn frown euraid.
- Gweinwch yn boeth gyda Syrlwyn Cig Eidion wedi'i Stwffio (tud. 67).

# CANAPÉS, DIPIAU A *CHUTNEY*

# CANAPÉS

*Mae'n braf gallu cynnig rhywbeth bach i'w fwyta i ymwelwyr dros yr Ŵyl. Fel arfer, mae mins peis neu deisen Nadolig yn boblogaidd, ond os ydych chi am fod ychydig yn fwy mentrus yn y maes hwn, mae'n ddigon syml. Mae'n syndod faint o* canapés *all darddu o gymysgedd sgoniau sawrus, felly paratowch hwn ymlaen llaw, a'i rewi os ydych chi'n dymuno. Gallwch ddod o hyd i'r rysáit yn fy ail lyfr,* **Mwy o Ryseitiau Ena.** *Lleia i gyd o faint yw'r sgoniau, gorau i gyd - maen nhw'n edrych yn hyfryd ar blât pert - felly os paratowch chi lenwad ymlaen llaw, ychydig iawn o waith sydd i'w wneud a gallwch chi dreulio gweddill yr amser yn sgwrsio gyda'r ymwelwyr!*

## SGONIAU BACH SAWRUS

- Paratowch y sgoniau a gwnewch nhw tua 2" (5cm) yr un. Defnyddiwch dopin o gaws hufen a samwn wedi'i fygu, ac addurnwch gyda dil, cennin syfi *(chives)* neu bersli.

## SGONIAU GYDA *PÂTÉ* CAWS

*Cynhwysion*
    cymysgedd sgoniau sawrus

*Y Pâté*
    175g/6 owns o gaws Red Leicester wedi'i ratio
    175g/6 owns o gaws hufen
    ½ llwy de o fwstard grawn cyflawn *(wholegrain)*
    2 lwy ford o gennin syfi *(chives)* wedi'u torri'n fân
    3 llwy ford o bersli wedi'i dorri'n fân
    halen a phupur
    150ml/¼ peint o *fromage frais*

*Dull*
- I wneud y *pâté*: cymysgwch y cawsiau a'r *fromage frais*, y mwstard, y cennin syfi a'r persli gyda'i gilydd yn drwyadl.
- Ychwanegwch halen a phupur yn ôl eich dant.
- Rhowch yn yr oergell am hanner awr.
- Gweinwch y sgoniau gyda'r *pâté*, berw dŵr *(watercress)* a thomatos.

## SGONIAU CAWS, PERLYSIAU A GARLLEG

*Cynhwysion*
cymysgedd sgoniau sawrus
1 llwy de o berlysiau cymysg
1 clof o arlleg wedi'i falu       } i'w hychwanegu at y gymysgedd
75g/3 owns o gaws hufen

*Llenwad*
brestiau cyw iâr
dail salad
*chutney* mango

*Dull*
- Gwnewch y sgoniau'r maint cyffredin y tro hwn.
- Holltwch nhw a'u gweini naill ai wedi'u llenwi'n barod neu gyda chynhwysion y llenwad mewn dysglau pert.

## OLIFAU CAWS HUFEN                     I wneud 40

*Cynhwysion*
50g/2 owns o gaws hufen
2 sibwnsen wedi'u torri'n fân
¼ llwy de o paprika
olifau pimento gwyrdd mawr
sleisiau o *salami*

*Dull*
- Cymysgwch y caws hufen, y sibwns a'r paprika gyda'i gilydd yn drwyadl.
- Rhowch y gymysgedd mewn bag peipio gyda blaen plaen, yna peipiwch y gymysgedd i mewn i'r olifau.
- Plygwch y sleisiau *salami* yn eu hanner a'u lapio o gwmpas yr olifau, gan eu cadw yn eu lle gyda phren coctêl.
- Ar gyfer llysieuwyr, gallwch wneud hanner yr olifau heb y *salami*.

## *KEBABS* LLYSIAU A CHAWS FETA                I wneud 20

### *Cynhwysion*
20 tomato bach
225g/8 owns o gaws feta wedi'i dorri'n giwbiau
1 pupur melyn ⎫
1 pupur gwyrdd ⎬ gyda'r hadau wedi'u tynnu ac wedi'u torri'n ddarnau gweddol fân
1 pupur coch ⎭

### *Y Marinêd*
150ml/¼ peint o olew olewydd
1 clof o arlleg wedi'i falu
sudd 2 lemwn
1 llwy de o oregano wedi'i falu
basil a phersli
halen a phupur

### *Dull*
- Cymysgwch holl gynhwysion y marinêd gyda'i gilydd yn dda.
- Rhowch y llysiau a'r caws ar brennau coctêl hir gan amrywio'r lliwiau a'r blasau.
- Brwsiwch y marinêd dros y *kebabs* a gadewch nhw yn yr oergell am ychydig o oriau cyn eu bwyta.

9. Samwn wedi'i Grilio gyda Ffriad Llysiau a Saws Oren (tud. 68)
10. Cyw Iâr Mêl Sbeislyd (tud. 69)
11. Rhost Cnau y Nadolig (tud. 70)
12. *Vol-au-Vents* (tud. 81)

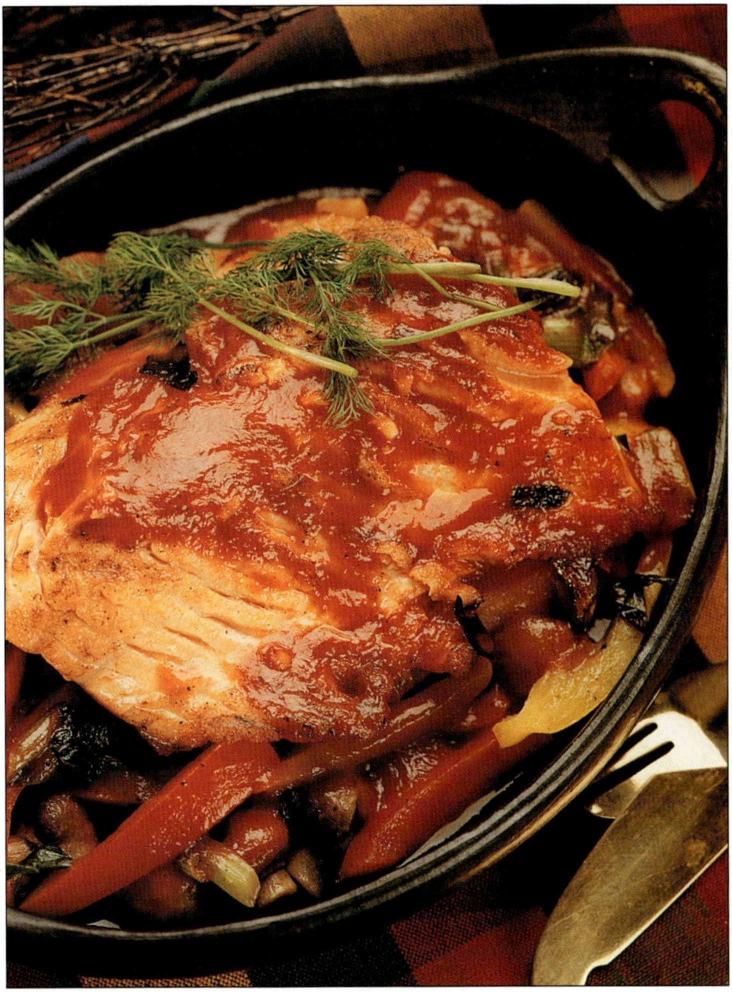

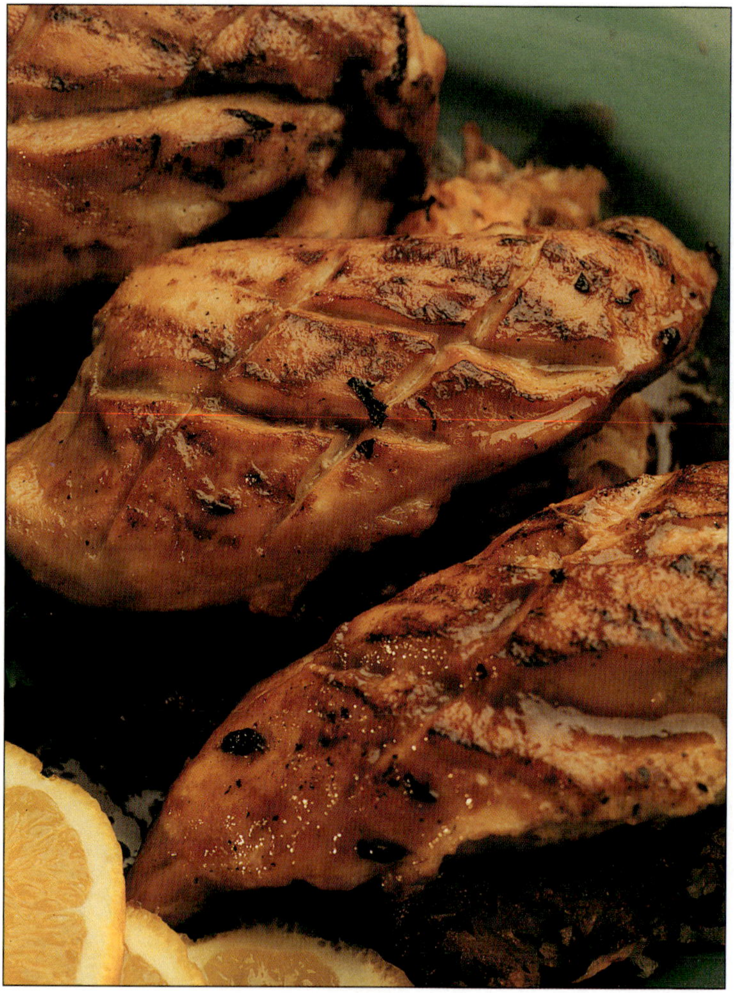

11

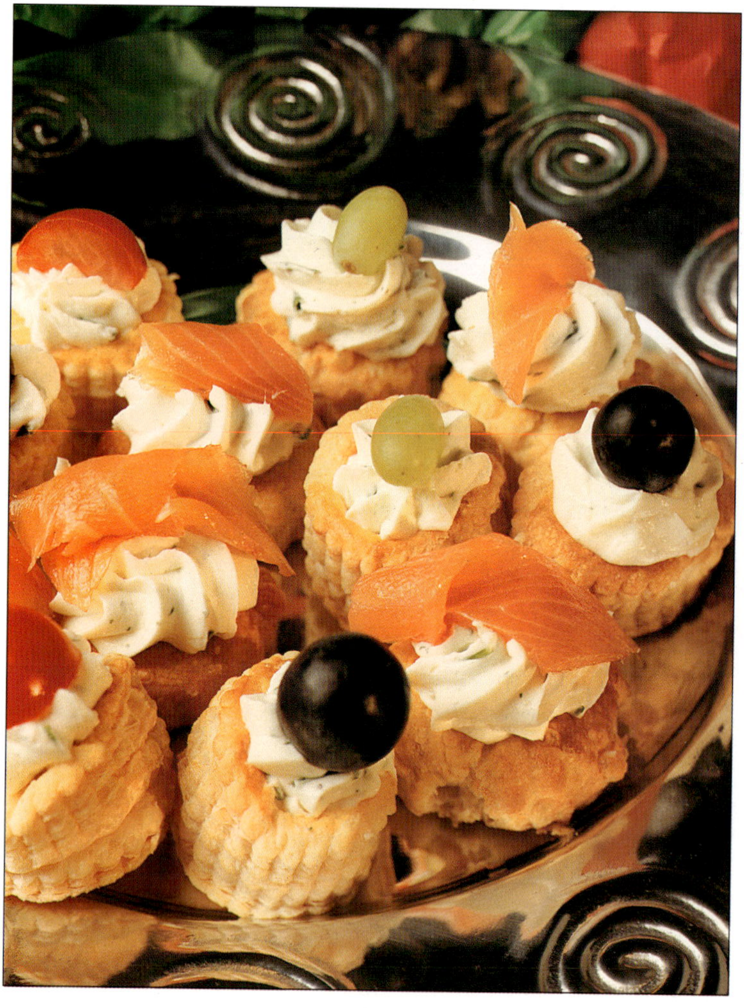

13

14

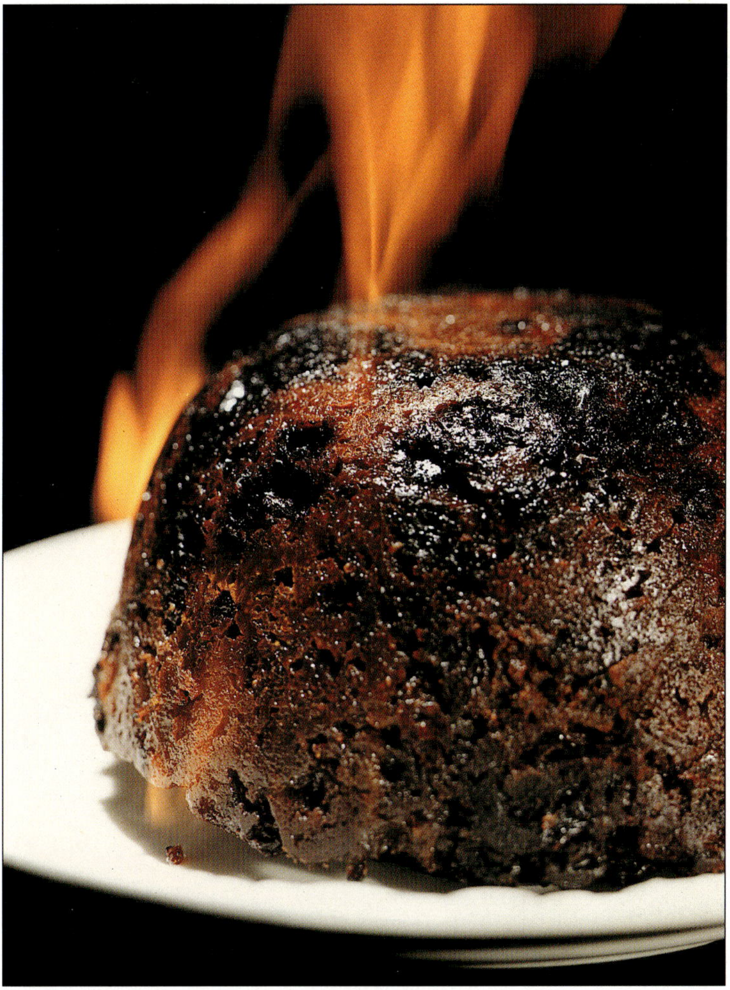

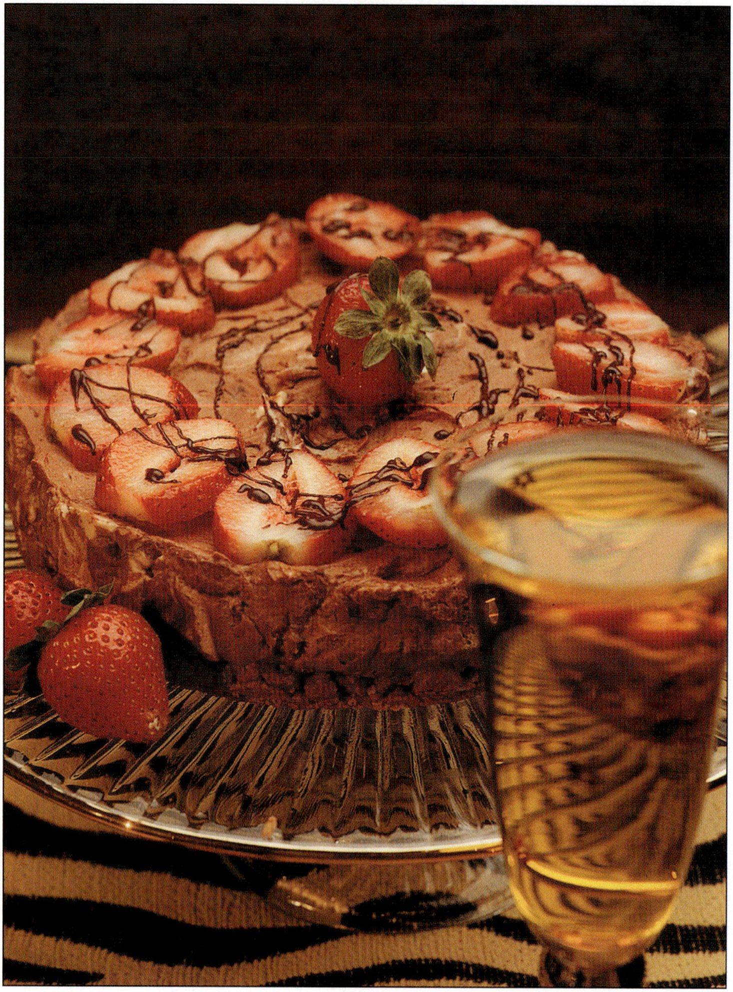

# LLENWADAU *VOL-AU-VENT*

O ran ffasiwn, maen nhw'n mynd a dod, ond does dim dau fod vol-au-vents wastad yn handi i'w cadw yn y rhewgell rhag ofn fod angen rhywbeth sawrus ar frys.

Gyda'r llenwadau canlynol, rwy wedi ceisio gwneud rhai ychydig yn wahanol, ac os prynwch chi'r tuniau perthnasol i'r pantri, gallwch chi ddewis pryd rydych chi am eu defnyddio dros y Nadolig a'r Flwyddyn Newydd - cofiwch brynu'r cesys hefyd!

Bydd y cynhwysion isod yn llenwi o leia 12 vol-au-vent.

## LLENWAD WYSTRYS *(OYSTERS)* WEDI'U MYGU

### *Cynhwysion*
1 tun 110g/4 owns o wystrys wedi'u mygu
110g/4 owns o gaws hufen
2 lwy ford o sudd lemwn
mwstard a berwr *(cress)* i addurno

### *Dull*
- Proseswch yr wystrys, y caws hufen a'r sudd lemwn.
- Rhowch y gymysgedd mewn bag peipio â blaen llydan a pheipiwch i mewn i'r cesys *vol-au-vent*.

## LLENWAD SAMWN A MAYONNAISE

### *Cynhwysion*
1 tun 200g/7 owns o samwn coch wedi'i ddraenio
3 llwy ford o mayonnaise
1 llwy ford o sudd lemwn
bwnsiad bach o gennin syfi *(chives)* wedi'u malu
pupur du wedi'i falu

### *Dull*
- Proseswch y samwn, y mayonnaise a'r sudd lemwn.
- Cymysgwch y cennin syfi a'r pupur du i mewn, a llenwch y cesys *vol-au-vent* fel uchod.

13. Salad Ffrwythau Egsotig (tud. 91)
14. *Mousse* Siocled gyda *Coulis* Mafon (tud. 95)
15. Pwdin Nadolig (tud. 100)
16. Teisen Gaws Ffrwythau (tud. 102)

## LLENWAD GARLLEG A PHERSLI

*Cynhwysion*
1 tun 425g/15 owns o ffa menyn wedi'u draenio
2 glof o arlleg wedi'u malu
1 llwy ford o olew olewydd
2 lwy ford o sudd lemwn
halen a phupur
1 llwy ford o bersli wedi'i falu

*Dull*
- Proseswch yr holl gynhwysion heblaw'r persli. Pan fydd y gymysgedd yn llyfn, cymysgwch y persli i mewn ac addaswch y sesnad*(seasoning)*.
- Rhowch y gymysgedd mewn bag peipio â blaen llydan arno, a pheipiwch y gymysgedd i mewn i'r cesys *vol-au-vent*.

# DIPIAU

*Gallwch wneud pob un o'r dipiau hyn mewn prosesydd bwyd trwy gymysgu'r cynhwysion i gyd. Proseswch fesul tipyn i chi gael yr ansawdd rydych chi ei eisiau.*

### DIP IOGWRT A MINTYS

275ml/½ peint o iogwrt naturiol
1 llwy ford o siwgr
3 sprigyn o fintys ffres wedi'u torri'n fân

### DIP ANSIOFI

1½ tun o ansiofis wedi'u draenio
2 glof o arlleg
25g/1 owns o fenyn
150ml/¼ peint o hufen dwbl
1 llwy de o oregano
1 llwy de o bersli wedi'i falu
pinsiad o siwgr

### DIP POETH SBEISLYD

1 pupur coch mawr
3 *chilli* coch sych cyfan
½ gwreiddyn sinsir wedi'i bilio a'i sleisio
sudd 3 lemwn
50g/2 owns o gnau daear *(peanuts)*
halen

### DIP CIWCYMBER A IOGWRT

1 ciwcymber wedi'i ratio
1 clof o arlleg wedi'i falu
275ml/½ peint o iogwrt plaen
2 lwy de o sudd lemwn
1 llwy de o fintys wedi'i falu

### DIP AFOCADO A IOGWRT

1 afocado wedi'i bilio, heb y garreg
150ml/¼ peint o iogwrt naturiol
1 clof o arlleg
sudd ½ lemwn
2 lwy ford o finegr gwin
halen a phupur

### DIP *HENO*

2 bupur coch
2 *chilli* coch sych
275ml/½ peint o iogwrt naturiol
2 glof o arlleg wedi'u malu
4 llwy ford o frandi
1 llwy ford o *purée* tomato
halen a phupur

# CHUTNEY

*Gallwch chi weini chutneys gydag unrhyw bryd o fwyd, o swper bara a chaws i Ffesant Rhost a chig oer ar gyfer buffe. Maen nhw mor flasus, bydd dim perygl iddyn nhw gadw'n rhy hir!*

## CHUTNEY OREN A BRICYLL *(APRICOTS)*

*Cynhwysion*
   450g/pwys o fricyll parod-i-fwyta
   1 llwy de o goriander
   275g/10 owns o siwgr brown meddal
   2 winwnsyn
   1 llwy de o bowdr *chilli* poeth
   2 glof o arlleg
   2 lwy de o halen
   sudd 2 oren a'r crwyn wedi'u gratio
   570ml/peint o finegr seidr

*Dull*
- Torrwch y bricyll yn ddarnau bach.
- Torrwch y winwns yn fân.
- Rhowch y bricyll, y finegr a'r sbeisys mewn sosban gwneud jam. Dewch â nhw i'r berw'n araf, yna ychwanegwch y siwgr a throi nes i'r siwgr doddi.
- Mudferwch am 30-40 munud nes bod y bricyll yn feddal a'r sudd wedi lleihau. Mae *chutney*'n tewhau wrth iddo oeri.
- Sterileiddiwch eich jariau mewn dŵr berw a rhowch y *chutney* yn y jariau tra'u bod yn dwym.
- Mae'r *chutney* hwn ar ei orau ar ôl tua mis.

## CHUTNEY FFRWYTH SBEISLYD NADOLIG

*Dydd Gŵyl San Steffan, triwch hwn gyda'r twrci oer, neu ham. Byddai hefyd yn gwneud anrheg hyfryd i'ch ffrindiau.*

### Cynhwysion
350g/12 owns o fricyll *(apricots)* parod-i-fwyta
350g/12 owns o ddatys *(dates)* parod-i-fwyta
350g/12 owns o eirin sych *(prunes)* parod-i-fwyta
2 afal coch
2 bupur coch
110g/4 owns o ryfon *(raisins)*
450g/pwys o winwns coch
4 clof o arlleg
croen a sudd 1 lemwn
croen a sudd 1 oren
1 llwy de o *allspice*
1 coesyn sinamon
2 glof
570ml/peint o finegr mafon
450g/pwys o siwgr jamio
halen a phupur

### Dull
- Glanhewch a pharatowch y llysiau a'r ffrwythau a'u torri'n fân.
- Mewn sosban jam, rhowch y ffrwythau a'r llysiau i gyd, y coesyn sinamon, y garlleg, sudd a chroen y lemwn a'r oren. Meddalwch dros wres isel am 10 munud.
- Ychwanegwch y finegr, y siwgr a'r sesnad *(seasoning)*, dewch ag e i'r berw a mudferwch am awr.
- Tynnwch y coesyn sinamon allan, a rhowch y gymysgedd mewn jariau wedi'u sterileiddio tra bod y jariau'n dwym. Gorchuddiwch â phapur cwyr a seliwch â chloriau plastig, **nid** rhai metel.
- Defnyddiwch o fewn 3 mis i'w wneud.

## RELISH EIRIN (PLWMS)

Mae hwn yn relish ardderchog, gyda lliw bendigedig a blas ffrwythau'n gryf arno. Mae'n arbennig o dda gyda chigoedd oer a phrydau porc.

### Cynhwysion
900g/2 bwys o eirin heb eu cerrig ac wedi'u chwarteru
225g/8 owns o afalau coginio
725ml/1½ peint o finegr mafon
2 *chilli* coch ffres heb eu hadau ac wedi'u torri'n fân
2 glof o arlleg
5g/½ owns o *allspice*
450g/pwys o sialots wedi'u torri'n fân
350g/12 owns o ryfon *(raisins)* bach
700g/1½ pwys o siwgr Demerara
25g/owns o halen môr
4 jar 450g/pwys wedi'u sterileiddio, a chloriau arnynt

### Dull
- Piliwch yr afalau, tynnwch eu canol a thorrwch nhw'n fân.
- Rhowch yr eirin, yr afalau, y sialots, y *chilli*, y garlleg, yr *allspice*, y rhyfon, y siwgr, yr halen a'r finegr mewn sosban jam fawr.
- Dewch â'r cyfan i'r berw yna mudferwch am hanner awr, gan droi o bryd i'w gilydd. Dylai'r relish fod yn drwchus o ran ansawdd.
- Arllwyswch i mewn i'r jariau a gadewch iddo oeri cyn eu selio.

# PWDINAU

## *ROULADE* SIOCLED NADOLIGAIDD        Digon i 6
### *Cynhwysion*
150g/5 owns o siocled plaen
4 wy
150g/5 owns o siwgr caster
croen 1 oren
3 llwy ford o sudd oren

### *Llenwad*
570ml/peint o hufen dwbl wedi'i chwisgio
1 llwy ford o *liqueur* oren
50g/2 owns o gnau Ffrengig *(walnuts)* wedi'u torri'n fân
1 oren wedi'i bilio a'i rannu'n ddarnau

### *I addurno*
cyrliau siocled
50g/2 owns o siwgr eisin

### *Dull*
- Irwch a leiniwch dun *Swiss Roll* hirsgwar 12"x 8" (30 x 20cm).
- I wneud y sbwng: toddwch y siocled a sudd a chroen yr oren mewn basn dros sosbenaid o ddŵr poeth.
- Gwahanwch yr wyau, yna curwch y melynwy a'r siwgr nes ei fod yn llyfn hyfryd.
- Trowch y siocled wedi'i doddi i mewn i gymysgedd yr wyau.
- Chwisgiwch y gwynnwy nes ei fod yn stiff a'i droi i mewn i'r gymysgedd siocled. Rhowch yn y tun a gwnewch yr arwyneb yn llyfn.
- Coginiwch am 20-30 munud ar 180C/350F/Nwy 4.
- Tynnwch o'r ffwrn a'i orchuddio'n syth â lliain tamp, yna'i adael i oeri.
- Trowch y sbwng oer allan ar bapur pobi wedi'i ddwstio â siwgr eisin. Tynnwch y papur leinio i ffwrdd a thacluswch yr ymylon.
- I wneud y llenwad: cymysgwch yr hufen, y cnau, y *liqueur* a'r darnau oren. Taenwch y gymysgedd ar y sbwng a'i rholio i fyny gan ddefnyddio'r papur pobi i helpu.
- Addurnwch gyda chyrliau siocled a hufen.
- Peidiwch â phoeni os yw'n hollti - gwasgarwch ragor o siwgr eisin drosto!

## SALAD FFRWYTHAU EGSOTIG                    Digon i 4

*Mae'r salad ffrwythau hwn yn bwdin gwych ac yn newid braf o bwdinau trwm y Nadolig. Mae'n hawdd ei baratoi a gallwch ei wneud y diwrnod cyn ei fwyta, dim ond i chi ei orchuddio a'i gadw yn yr oergell.*

### Cynhwysion
    225g/8 owns o fefus
    1 grawnffrwyth pinc
    1 melon Galia bach
    2 ffrwyth kiwi
    1 tun 425g/15 owns o *lychees* wedi'u draenio

### Dull
- Torrwch y melon yn ei hanner a thynnwch yr hadau.
- Gyda theclyn pwrpasol, gwnewch beli o'r ffrwyth melon i gyd.
- Tynnwch y croen a'r isgroen *(zest)* oddi ar y grawnffrwyth â chyllell finiog iawn. Yna torrwch rhwng pob rhaniad i dynnu'r ffrwyth gan adael yr isgroen ar ôl.
- Piliwch y ffrwythau kiwi a'u torri'n giwbiau.
- Torrwch bennau'r mefus a'u sleisio.
- Cymysgwch y ffrwythau i gyd gyda'i gilydd mewn dysgl weini wydr.
- Gallwch ychwanegu ychydig o frandi neu *liqueur* Amaretto at y ffrwyth yn ôl eich dant.

# TREIFFL DATHLU  Digon i 6

*Dylai treiffl da fod yn llawn blas ffrwythau ac ansawdd ysgafn iddo. Mae hon yn rysáit ddelfrydol ar gyfer tymor yr Ŵyl a dyna pam rwy'n galw Treiffl Dathlu arno!*

## Cynhwysion

450g/pwys o ffrwythau haf wedi'u rhewi (neu ffrwyth ffres yn yr haf)
450g/pwys o gaws *mascarpone* **neu** gaws hufen braster isel
570ml/peint o hufen dwbl
50g/2 owns o siwgr caster
1 llwy ford o flawd India corn *(cornflour)*
sudd a chroen 1 lemwn
110g/4 owns o fisgedi Amaretti
4 llwy ford o frandi
fflêc siocled

## Dull

- Rhowch y ffrwyth, y siwgr a'r blawd India corn mewn sosban, dewch â nhw i'r berw a'u mudferwi am 2-3 munud.

- Rhowch y bisgedi mewn dysgl wydr fawr ac arllwyswch y brandi drostynt. Gadewch iddo fwydo am chwarter awr.

- Rhowch y ffrwyth ar ben y bisgedi.

- Chwisgiwch yr hufen nes ei fod yn drwchus, yna cymysgwch yr hufen, y caws a sudd a chroen y lemwn gyda'i gilydd.

- Gwasgarwch y gymysgedd hufen dros y ffrwyth. Malwch y siocled a'i wasgaru dros yr hufen.

- Gallwch hefyd wneud y treiffl mewn dysglau unigol - maen nhw'n edrych yn bert iawn!

# GWYNFYD SIOCLED A MANDARIN  Digon i 6

*Cynhwysion*
450g/pwys o siocled plaen
6 llwy ford o sirop
5 llwy ford o frandi
570ml/peint o hufen dwbl
1 tun 350g/12 owns o orenau mandarin
fflêc siocled

*Dull*
- Toddwch y siocled, y sirop a'r brandi mewn basn dros sosbenaid o ddŵr. Trowch y cyfan nes ei fod wedi cymysgu'n drylwyr, yna'i symud oddi ar y gwres a gadael iddo i oeri.
- Chwisgiwch yr hufen yn ysgafn a'i droi i mewn i'r siocled gyda'r orenau mandarin wedi'u draenio.
- Rhannwch rhwng 6 gwydr.
- I rewi, rhowch y gymysgedd mewn dysglau gweini addas i'r rhewgell.
- Tynnwch o'r rhewgell awr cyn gweini, ac addurnwch gyda hufen dwbl a fflêc siocled.

## *FLAMBÉ* PINAFAL A BANANA　　　　　　　　　　Digon i 4

*Dyma bwdin moethus, blasus iawn, gyda mwy nag arlliw o flas y Caribî iddo.*

### Cynhwysion
4 banana
4 sleisen drwchus o binafal ffres
2 lwy ford o rwm
110g/4 owns o siwgr caster
sudd a chroen 1 oren
sudd a chroen 1 lemwn
50g/2 owns o fenyn di-halen
275ml/½ peint o hufen dwbl

### Dull
- Rhowch y siwgr, sudd a chroen yr oren a'r lemwn wedi'u gratio mewn padell ffrio, dewch â nhw i'r berw gan droi nes bod y siwgr wedi toddi, a'r gymysgedd wedi tewhau i ffurfio sirop.
- Trowch y gwres i lawr, ac ychwanegwch y menyn, y pinafal a'r bananas, a choginiwch yn araf nes bod y cyfan wedi twymo drwyddo.
- Arllwyswch y rwm i mewn i'r badell ffrio, a rhowch y sirop ar dân **yn ofalus iawn**.
- Gweinwch mewn dysglau unigol gyda hufen dwbl.

## *MOUSSE* SIOCLED GYDA *COULIS* MAFON                Digon i 4

*Pwdin ysgafn, hyfryd, yn enwedig i'r sawl sy'n hoffi siocled!*

### Cynhwysion
570ml/peint o *crème fraîche*
225g/8 owns o siocled o ansawdd da
sudd a chroen 1 oren
2 wynwy wedi'u curo'n ysgafn
1 pecyn o jelatin
2 lwy ford o frandi

### Y *Coulis*
450g/pwys o fafon
sudd 1 lemwn
110g/4 owns o siwgr caster

### I addurno
dail mintys

### Dull
- Rhowch y *crème fraîche*, croen yr oren a'r brandi mewn basn mawr.
- Toddwch y siocled mewn basn dros sosbenaid o ddŵr poeth.
- Twymwch sudd yr oren i dymheredd berwi, gwasgarwch y jelatin drosto a throwch nes iddo doddi.
- Trowch y siocled wedi'i doddi a'r jelatin i mewn i'r gymysgedd, yna trowch y gwynnwy i mewn.
- Arllwyswch i mewn i ddysglau *ramekin* a gadewch iddo setio am awr neu ddwy.
- I wneud y *coulis*: rhowch yr holl gynhwysion mewn prosesydd a throwch am funud.
- Straeniwch y *coulis* drwy ridyll, a bydd yn llyfn hyfryd.
- I weini: trowch y *mousse* o'r *ramekins* drwy roi pob dysgl yn ei thro mewn ychydig o ddŵr poeth i ryddhau'r *mousse*. Trowch â'i ben i waered ar blât gweini. Arllwyswch ychydig o'r *coulis* o'i gwmpas ac addurnwch â deilen fintys.

## SOUFFLÉ LEMWN A MANGO     Digon i 4

*Cynhwysion*
2 mango mawr aeddfed **neu** 1 tun 400g/14 owns o mango wedi'i draenio
3 lemwn (100ml/4 owns hylif o sudd)
4 wy
110g/4 owns o siwgr caster
1 pecyn o jelatin
570ml/peint o hufen dwbl

*I addurno*
sleisiau mango
sleisiau lemwn

*Dull*
- Toddwch y jelatin mewn 3 llwy ford o ddŵr berw.
- Piliwch y mango. Tynnwch y cnawd oddi ar y cerrig. Proseswch y mango i wneud *purée*.
- Gwahanwch yr wyau, rhowch y melynwy a'r siwgr mewn basn a churo nes eu bod yn drwchus.
- Curwch y sudd lemwn i mewn i'r melynwy a'r siwgr, a throwch y *purée* mango a'r jelatin i mewn.
- Chwisgiwch y 4 gwynnwy nes eu bod yn stiff ond heb fod yn sych, a'u cymysgu nhw i mewn.
- Curwch yr hufen nes ei fod yn gadarn a'i gymysgu e i mewn i'r gymysgedd *soufflé*.
- Arllwyswch y gymysgedd i mewn i ddysglau *soufflé* unigol neu ddysgl weini 1.1l/2 beint.
- Oerwch am tua 4 awr. Addurnwch gyda sleisiau mango a lemwn.
- Gallwch ddefnyddio'r rysáit hon fel sail i unrhyw rysáit *soufflé* oer, gan hepgor y mango a'r lemwn ac ychwanegu mafon, bricyll *(apricots)* neu siocled. Gallech chi hefyd ddefnyddio mefus, neu unrhyw ffrwyth arall o'ch dewis.

## POTIAU MAFON A HUFEN  Digon i 4

### Cynhwysion
570ml/peint o *crème fraîche*
275ml/½ peint o gaws hufen braster isel
croen a sudd 1 lemwn
75g/3 owns o siwgr eisin
1 pecyn o jelatin
225g/8 owns o fafon ffres neu wedi'u rhewi

### Y Saws
350g/12 owns o jeli cwrens coch
225g/8 owns o fafon ffres
4 llwy ford o win mafon

### I addurno
dail mintys

### Dull
- Toddwch y jelatin mewn 3 llwy ford o ddŵr berw.
- Cymysgwch y *crème fraîche*, y caws hufen, y siwgr a chroen a sudd y lemwn gyda'i gilydd mewn basn mawr.
- Trowch y mafon a'r jelatin i mewn.
- Arllwyswch i mewn i 6 dysgl *ramekin* neu 6 dysgl wydr ac oerwch am tua 2 awr nes eu bod wedi setio.
- I wneud y saws: rhowch y jeli cwrens coch a'r gwin mafon mewn sosban a dewch â nhw i'r berw.
- Trowch y mafon i mewn ond peidiwch â'u coginio.
- Trowch y potiau allan ar blât ac arllwyswch saws dros bob un.
- Addurnwch â dail mintys.

## PWDIN BARA MENYN GYDA SAWS MAFON POETH  Digon i 6

*Yr adeg hon o'r flwyddyn, beth allai fod yn well na phwdin bara menyn henffasiwn gyda saws mafon twym ar ôl eich prif gwrs? Mae'n ffordd dda o ddefnyddio hen fara hefyd. Pwdin bara menyn yw ffefryn Roy Noble.*

### Cynhwysion
225g/8 owns o fara gwyn neu frown â'r crystiau wedi'u torri i ffwrdd
75g/3 owns o fenyn wedi toddi
110g/4 owns o siwgr brown meddal
½ llwy de o bowdr nytmeg
½ llwy de o bowdr sinamon
2 wy wedi'u curo
275ml/½ peint o laeth twym
175g/6 owns o syltanas a rhyfon *(raisins)* yn gymysg
croen 1 oren wedi'i ratio

### Y Saws
225g/8 owns o fafon ffres neu wedi'u rhewi
50g/2 owns o siwgr
1 llwy ford o Southern Comfort

### Dull
- Torrwch y bara'n ddarnau ac arllwyswch y llaeth twym drosto, gan ei adael i sefyll am hanner awr.
- Pan fo'r bara wedi mwydo'n dda, ychwanegwch y menyn, y siwgr, y sbeisys, yr wyau, y ffrwythau sych a chroen yr oren. Cymysgwch yn drwyadl, gan sicrhau nad oes lympiau yn y gymysgedd.
- Arllwyswch y gymysgedd i mewn i ddysgl ffwrn 1.1l/2 beint, wedi'i hiro'n dda.
- Pobwch am 30-40 munud ar 180C/350F/Nwy 4.
- I wneud y saws: rhowch y mafon a'r siwgr mewn sosban a'u mudferwi am bum munud. Gweithiwch nhw drwy ridyll i dynnu'r hadau, gan adael saws llyfn. Cymysgwch y Southern Comfort i mewn.
- Rhowch ddarn o'r pwdin ar blât ac arllwyswch y saws drosto. Gweinwch gyda hufen dwbl.

## PWDIN REIS FFRWYTHAU ENA  Digon i 6-8

*Mae reis yn fwy poblogaidd gyda bwydydd sawrus na rhai melys y dyddie hyn, ond gan fod reis mor dda i ni rwy wedi gweithio ar rysáit i dwymo dyddiau tywyll y gaeaf. Addurnwch y pwdin gyda ffrwythau lliwgar, ac mae'n edrych yn ddeniadol iawn ar y bwrdd, naill ai mewn dysgl fawr neu ddysglau unigol.*

*Cynhwysion*
  570ml/peint o laeth
  50g/2 owns o reis
  4 llwy ford o fêl clir
  1 llwy ford o jelatin
  275ml/½ peint o hufen dwbl
  2 afal coch wedi'u sleisio
  sudd a chroen 1 oren

  1 mowld crwn

*Dull*
- Rhowch y llaeth, y reis a chroen yr oren mewn sosban â gwaelod trwm a dewch â'r cyfan i'r berw'n araf. Mudferwch am hanner awr gan droi o bryd i'w gilydd. Dylai'r llaeth i gyd gael ei amsugno.
- Rhowch mewn dysgl a gadewch i oeri.
- Twymwch sudd yr oren a gwasgarwch y jelatin drosto iddo doddi.
- Arllwyswch y jelatin a'r hufen i mewn i'r reis.
- Rhowch yn y mowld a gadewch i setio.
- Trowch allan o'r mowld a gweinwch gyda ffrwyth kiwi, mefus a phinafal.

# PWDIN NADOLIG                                         Digon i 6

*Mae'r rysáit hon yn gwneud digon ar gyfer basn bwdin 1.5l/2½ peint. Mae'n rysáit rwy wedi'i defnyddio fy hunan ac mae'n wironeddol flasus.*

## Cynhwysion
110g/4 owns o geirios *glacé*
110g/4 owns o ryfon *(raisins)*
110g/4 owns o syltanas
110g/4 owns o gwrens
75g/3 owns o fricyll *(apricots)* parod-i-fwyta
75g/3 owns o eirin sych *(prunes)* parod-i-fwyta
50g/2 owns o friwsion bara gwyn
50g/2 owns o almwns wedi'u malu
175g/6 owns o flawd codi
110g/4 owns o fenyn wedi toddi
1 llwy de o sbeis cymysg
110g/4 owns o siwgr brown meddal
1 llwy ford o driog du
3 wy
2 lwy de o rinflas *(essence)* almwn
275ml/½ peint o frandi
sudd a chroen 1 lemwn
sudd a chroen 1 oren

## *Dull*
- Rhowch y cynhwysion i gyd mewn basn mawr a chymysgwch yn dda.
- Gadewch wedi'i orchuddio dros nos. Rhannwch rhwng dau fasn 570ml/peint neu un basn 1.1l/2 beint wedi'u hiro'n dda. Gorchuddiwch â phapur gwrthsaim a ffoil.
- Rhowch y pwdinau mewn tun pobi dwfn a llenwch y tun i'r hanner â dŵr berw. Gorchuddiwch y tun cyfan â ffoil.
- Pobwch yn y ffwrn am 4 awr ar 150C/300F/Nwy 2.
- Storiwch mewn lle oer am fis, yna gallwch ei rewi os oes angen.

## PWDIN NADOLIG MUNUD-OLAF　　　　　　　　　　Digon i 4

*Mae'n well gan rai pobl bwdin ysgafnach, mwy fel sbwng. Os felly, dyma'r pwdin i chi - yn enwedig os oes angen un arnoch chi'n gyflym!*

### Cynhwysion
110g/4 owns o fenyn
110g/4 owns o siwgr brown tywyll meddal
2 wy
450g/pwys o friwdda *(mincemeat)* cartref
175g/6 owns o flawd codi
1 llwy de o sbeis cymysg
2 lwy ford o frandi

### Dull
- Hufenwch y menyn a'r siwgr yn dda.
- Curwch yr wyau i mewn fesul un.
- Trowch y blawd a'r sbeis i mewn.
- Cymysgwch y brandi a'r briwdda i mewn. Gwnewch yn siŵr ei fod wedi'i gymysgu'n drwyadl.
- Irwch fasn 1.1l/2 beint, rhowch y gymysgedd ynddo, gorchuddiwch â phapur gwrthsaim ac wedyn â ffoil.
- Coginiwch yn y ffwrn am 2 awr ar 150C/300F/Nwy 2. Pan fydd y pwdin wedi oeri'n llwyr, gallwch ei rewi. Tynnwch o'r rhewgell Noswyl Nadolig a stemiwch yn y ffwrn neu mewn sosban stemio am awr.
- Gweinwch gyda Menyn Brandi ac Oren (tud. 108).

## TEISEN GAWS FFRWYTHAU    Digon i 8

*Rysáit sylfaenol yw hon a gellir ychwanegu nifer o flasau gwahanol at y deisen, e.e. 225g/ ½ pwys o siocled wedi toddi, neu unrhyw ffrwyth o'ch dewis.*

### Cynhwysion
175g/6 owns o fisgedi Digestive
75g/3 owns o fenyn
450g/pwys o gaws hufen braster llawn
75g/3 owns o siwgr caster
sudd a chroen 2 leim
225g/8 owns o fafon
225g/8 owns o siocled ansawdd da

### I addurno
cyrliau siocled

### Dull
- Malwch y bisgedi'n fân. Cymysgwch y briwsion bisgedi gyda'r menyn wedi'i doddi. Defnyddiwch y gymysgedd i leinio gwaelod tun sbring 8" (20cm).
- Curwch y caws hufen gyda sudd a chroen y leim a'r siwgr nes ei fod yn ysgafn.
- Curwch yr hufen yn ysgafn a'i droi i mewn i'r gymysgedd gaws.
- Trowch y mafon i mewn i'r gymysgedd gaws.
- Rhowch y gymysgedd yn y tun ar ben y bisgedi ac oerwch dros nos nes iddo setio.
- Addurnwch â chyrliau siocled.
- I rewi: rhowch mewn tun wedi'i leinio â *clingfilm* a gallwch ei rewi am hyd at dri mis.

## TEISEN FFRWYTHAU A BURUM

*Mae hon yn hen hen rysáit, dros gan mlwydd oed. Etifeddwyd hi gan fy nghyfnither Hetty sy'n byw yn Bynie, Llanelli, oddi wrth y diweddar Mary Thomas o Heol-y-Bwlch, Bynie. Does dim wyau yn y deisen, a rhaid i fi gyfaddef na allen i gredu hynny pan flasais i hi gyntaf! Mae'n cadw'n arbennig o dda.*

### Cynhwysion

700g/1½ pwyso flawd codi
225g/8 owns o fenyn
350g/12 owns o siwgr
350g/12 owns o gwrens
175g/6 owns o syltanas
175g/6 owns o ryfon *(raisins)*
110g/4 owns o geirios
50g/2 owns o furum ffres
570ml/peint o laeth twym
½ llwy de o halen
1 llwy de o nytmeg

### Dull

- Rhowch y blawd mewn bowlen gymysgu fawr a rhwbiwch y menyn i mewn nes ei fod yn edrych fel briwsion bara.
- Ychwanegwch yr halen, y nytmeg a'r holl ffrwythau sych a chymysgwch yn dda.
- Rhowch y burum mewn basn bach ac ychwanegwch 1 llond llwy de o siwgr caster ato. Trowch nes ei fod yn hylifol ac yn byrlymu.
- Arllwyswch yr hylif i mewn i ganol y gymysgedd sych ac arllwyswch y llaeth twym i mewn yn raddol, gan gymysgu'n dda â llwy bren.
- Rhannwch rhwng dau dun 900g/2 bwys wedi'u hiro a'u leinio.
- Coginiwch am 2 awr ar 150C/300F/Nwy 2.
- Oerwch y deisen yn y tun cyn ei throi allan.

## TEISEN OREN DI-LWTEN

*Dyw dilyn deiet arbennig ddim yn hawdd, yn enwedig os oes rhaid i chi osgoi cynhwysion sylfaenol fel gluten. Mae hon yn rysáit teisen i'w defnyddio fel sail i unrhyw flas - rwy wedi defnyddio oren, ond allech chi drio lemwn, ffrwythau sych, cnau neu gnau coco.*

*Cynhwysion*
175g/6 owns o fenyn
110g/4 owns o siwgr caster euraid
2 wy
225g/8 owns o flawd reis
2 lwy de o bowdr pobi di-lwten
110g/4 owns o almwns wedi'u malu
sudd a chroen 1 oren

*Y Topin*
150ml/¼ peint o sudd oren
2 oren
sudd 1 lemwn
50g/2 owns o siwgr caster euraid
110g/4 owns o fafon

*Dull*
- Irwch a leiniwch dun bas, crwn 8" (20cm).
- Hufenwch y siwgr a'r menyn nes bod y gymysgedd yn cwympo oddi ar y llwy.
- Curwch yr wyau i mewn yn raddol. Trowch y blawd reis, y powdr pobi, yr almwn a chroen a sudd yr oren i mewn. Dylai'r gymysgedd fod yn feddal ond ddim yn rhy wlyb. Rhowch yn y tun.
- Pobwch am 30-40 munud ar 180C/350F/Nwy 4. Gadewch i'r deisen oeri yn y tun cyn ei throi allan ar rac wifren.
- I wneud y topin: piliwch yr orenau a'u rhannu'n ddarnau heb y craidd *(pith)*.
- Rhowch y sudd oren, y siwgr, y sudd lemwn a'r darnau oren mewn sosban a'u mudferwi am 5 munud.
- Cyn gweini, arllwyswch ychydig o'r topin dros y deisen a gweinwch gyda darnau o oren a mafon.

## TEISEN NADOLIG MUNUD-OLAF

*Mae llawer o bobl yn poeni am wneud eu teisen Nadolig, felly rwy wedi paratoi rysáit sy'n hawdd i unrhyw un ei wneud!*

*Cynhwysion*
  225g/8 owns o ryfon *(raisins)* bach
  225g/8 owns o syltanas
  110g/4 owns o geirios *glacé*
  75g/3 owns o gnau Ffrengig *(walnuts)* wedi'u torri'n fân
  2 lwy de o sbeis cymysg
  225g/8 owns o siwgr brown meddal
  225g/8 owns o fenyn
  4 wy
  110g/4 owns o flawd codi
  225g/8 owns o flawd plaen
  50g/2 owns o almwns wedi'u malu
  1 llwy ford o driog du
  sudd a chroen 1 oren
  275ml/½ peint o frandi

*Dull*
- Irwch a leiniwch dun teisen 8" (20cm).
- Rhowch yr holl ffrwythau a chroen yr oren mewn basn mawr. Twymwch y brandi a'r sudd oren a'i arllwys dros y ffrwyth, yna'i orchuddio a gadael iddo fwydo dros nos.
- Drannoeth, rhowch y cynhwysion sych i gyd mewn basn mawr gyda'r menyn wedi'i feddalu.
- Curwch yr wyau a'u cymysgu i mewn i'r cynhwysion sych.
- Cymysgwch y ffrwythau a'r triog i mewn **yn drwyadl**. Rhowch y gymysgedd yn y tun a gwnewch yn siŵr fod yr arwyneb yn wastad.
- Coginiwch ar silff ganol y ffwrn am 3½-4 awr ar 150C/300F/Nwy2.
- Os oes ffwrn ffan gyda chi, bydd yn cymryd tuag awr yn llai.
- Os hoffech chi roi almwnau cyfan ar ben y deisen, yna byddai gennych deisen Dundee.

## MINS PEIS MOETHUS　　　　　　　　　　Digon i 12

*Mae'n werth chweil gwneud eich briwdda* (mincemeat) *eich hunan gartre, yn llawn blas a heb unrhyw gynhwysion cemegol ynddo. Does dim siwet yn y briwdda hwn ac felly gall llysieuwyr ei fwynhau gymaint â phawb arall. Mae ansawdd bisged, bron, ar y crwst, felly er mwyn eu gwneud yn y ffordd orau, defnyddiwch duniau non-stick neu irwch duniau cyffredin yn ysgafn iawn.*

### Y Briwdda
225g/8 owns o gwrens
225g/8 owns o syltanas
225g/8 owns o ryfon *(raisins)* bach
275g/10 owns o siwgr brown meddal
2 lwy de o sinamon
2 lwy de o sbeis cymysg
110g/4 owns o geirios *glacé*
110g/4 owns o fricyll *(apricots)*
  parod-i-fwyta wedi'u torri'n fân
50g/2 owns o gnau Ffrengig *(walnuts)*
  wedi'u torri'n fân
croen a sudd 2 oren
275ml/½ peint o frandi

### Y Crwst
225g/8 owns o flawd plaen
¼ llwy de o sbeis cymysg
75g/3 owns o almwns wedi'u malu
75g/3 owns o siwgr caster euraid
175g/6 owns o fenyn di-halen
2 felynwy

### Y Topin
175g/6 owns o fenyn di-halen
50g/2 owns o siwgr caster euraid
175g/6 owns o flawd plaen
110g/4 owns o almwns wedi'u malu
sudd ½ oren

### Dull
- I wneud y briwdda: rhowch yr holl gynhwysion mewn basn a chymysgwch yn dda.
- Gorchuddiwch a gadewch mewn lle oer am ddiwrnod.
- Rhowch mewn jariau wedi'u sterileiddio, yna seliwch a labelwch nhw. Storiwch nhw mewn lle oer, sych nes bod eu hangen. Fe fydd yn cadw am hyd at ddau fis.
- I wneud y crwst: hufenwch y menyn a'r siwgr, a churwch y melynwy i mewn.
- Trowch y blawd, y sbeis, yr almwns a chroen yr oren i mewn. Clymwch at ei gilydd nes ei fod yn siâp pelen o farsipan.
- Rholiwch y crwst allan ar fwrdd a digon o flawd arno a thorrwch yn 24 cylch, gan ddefnyddio torrwr 2.5" (6cm) wedi'i ffliwtio.
- Rhowch lond llwy de hael o friwdda cartref ar bob cylch crwst.
- I wneud y topin: hufenwch y menyn a'r siwgr nes eu bod yn feddal. Trowch y blawd, yr almwns a'r sudd oren i mewn.
- Rhowch y gymysgedd mewn bag peipio â blaen mawr, a pheipiwch *rosette* ar ben pob mins pei.
- Coginiwch am 15-20 munud ar 180C/350F/Nwy 4.

## BISGEDI COEDEN NADOLIG    I wneud 20

*Byddai plant wrth eu bodd yn treulio awr neu ddwy'n gwneud y bisgedi cartre yma gydag aelodau hŷn y teulu. Gallwch ychwanegu gwahanol flasau at y gymysgedd sylfaenol hon.*

*Cynhwysion*
- croen 1 oren
- croen 1 lemwn
- 25g/1 owns o goco
- 75g/3 owns o fenyn meddal
- 75g/3 owns o siwgr caster
- 1 wy wedi'i guro
- ychydig ddiferion o rinflas *(essence)* fanila
- 225g/8 owns o flawd plaen

*Dull*
- Hufenwch y menyn a'r siwgr nes eu bod yn feddal.
- Curwch yr wyau a'r rhinflas i mewn, yna ychwanegwch y blawd yn raddol, a thylinwch yn ysgafn nes bod gennych does meddal, llyfn.
- Mae toes bob amser yn haws i'w drin ar ôl ei oeri am hanner awr.
- Rholiwch y toes allan yn denau a'i dorri'n siapiau - coed, dynion eira a.y.b. Rhowch y siapiau ar dun pobi wedi'i leinio a choginiwch am 10-15 munud ar 180C/350F/Nwy 4.
- Os ydych chi am eu hongian ar eich coeden Nadolig, torrwch dwll bach yn y toes cyn pobi'r bisgedi er mwyn i chi allu rhoi rhuban pert ynddyn nhw wedyn.

## MENYN BRANDI AC OREN

*Cynhwysion*
225g/8 owns o fenyn di-halen
225g/8 owns o siwgr tywyll meddal
8 llwy ford o frandi
croen 1 oren

*Dull*
- Rhowch y menyn a'r siwgr mewn basn a'u hufennu'n dda gyda chwisg trydan nes eu bod yn feddal.
- Ychwanegwch y brandi a'r croen oren fesul tipyn.
- Rhowch y menyn brandi mewn dysgl fenyn (neu gynhwysydd plastig i'w rewi) ac oerwch yn dda. Mae'n bwysig ei gadw'n oer nes ei fod yn barod i'w ddefnyddio.
- Nodwch y bydd yn cadw am 3-4 wythnos, a gallwch ei rewi. Os felly, tynnwch o'r rhewgell 2-3 awr cyn gweini gyda Phwdin Nadolig (tt. 100 & 101).
- Mae'n hyfryd hefyd gyda mins peis poeth.

## FFRWYTHAU WEDI'U CARAMELEIDDIO MEWN BRANDI    Digon i 4

*Os nad ydych chi'n hoffi pwdin Nadolig traddodiadol, mae'r rysáit hon yn gwneud pwdin bendigedig ar ôl cinio Nadolig.*

### Cynhwysion
   2 fanana
   2 afal coch
   1 mango
   110g/4 owns o rawnwin du a gwyrdd yn gymysg (heb hadau)
   110g/4 owns o siwgr Demerara
   50g/2 owns o fenyn
   1 llwy de o sinamon
   150ml/¼ peint o frandi

### *Dull*
- Piliwch y bananas a'u sleisio'n drwchus. Tynnwch y canol allan o'r afalau a'u sleisio, ond gadewch y croen arnyn nhw. Piliwch a sleisiwch y mango.
- Toddwch y menyn mewn sosban, ychwanegwch y siwgr a chynyddwch y gwres nes i'r siwgr a'r menyn fyrlymu. Yna rhowch y ffrwythau yn y sosban, a'u hysgwyd yn yr hylif nes i'r ffrwyth garameleiddio.
- Ychwanegwch y brandi a'r sinamon.
- Gweinwch gyda hufen.

# NODIADAU